大石泰史 編

今川氏年表

氏親 氏輝 義元 氏真

高志書院刊

はじめに

本書は戦国大名今川氏の事蹟を年次ごとに叙述したものである。具体的には、第八代室町幕府将軍足利義政によって氏親の家督が承認された文明十一年(一四七九)から、氏親の孫氏真が駿河今川館を捨て遠江国懸川城に入り、籠城後に岳父である小田原北条氏第三代当主氏康を頼って沼津に向かった永禄十二年(一五六九)までを扱っている。ただし、今川氏の領域下に入る氏親段階の遠江を語るにあたり、彼の父義忠、あるいはそれ以前の遠江国内の情勢等を理解する必要もあり、南北朝期から氏親の家督継承以前に関する経緯について、「戦国前史」として簡単にまとめた。また、氏真も永禄十二年をもって文書の発給を停止したのではなく、最終的には慶長十九年(一六一四)まで生存していたことに鑑み、永禄十三年以降についても簡潔に紹介している。

今川氏の研究は、戦前の『静岡県史料』第一～五輯の刊行によって深化した。『県史料』は家わけの史料集だが、収載文書も充実していたため、戦後間もない段階から様々な「情報」を研究者に提供していた。特に、一九五〇年代から八〇年代初頭まで、戦国大名研究の一大テーマであった検地研究において『県史料』が頻繁に活用され、それに併せて今川氏の個別研究も進展していった。

その後、静岡県レベルの史料集、あるいは県の通史を編集するといった構想は戦後になってもあまり進まず、八〇年代後半にようやく『静岡県史』が刊行されることとなった。その一環で『県史』資料編7中世三と同資料編8中世四が編集され、それまで知られていた戦国大名今川氏の受・発給文書と関連文書、さらには同時代の記録類、後世の関連資料に至るまで、まとめて活字化されることになった。また『県史』通史編2中世も出版され、見落とされていた事象や新事実など、様々なことが明確となった。県史刊行はまさに今川氏研究の画期であったといえる。

とはいうものの、『県史』中世三は氏親の家督継承から氏真による懸川城開城までを収録しており、〝戦国大名今川氏の約九十年を網羅した史料集〟として早い段階で入手が困難となった。そのため、二〇一一年から五年の歳月を掛けて、『県史』で収録されなかった被官層の受・発給文書や関連文書も採録して、『戦国遺文』今川氏編が上梓された。これによって今川氏の関連史料は、そのほとんどが集成されたといってよい。

しかし、刊行中の『愛知県史』や同県内の自治体史によって、新たな史料も発掘されている。また、現在の今川氏研究は近隣諸大名の状況、室町将軍家や管領・奉行・奉公衆などの京都情勢の確認、聖教等の奥書の読み込みなど、多種多様な資料に至るまで目を配っていかなければならない。とりわけ近隣諸大名の動向は、史料集のみならず、論文集や自治体の博物館等の図録・報告書などにおいても、基礎的な検討が加えられてきている。

本書では、そうした近年の研究成果を重視する編集方針を採用したので、従来の年表と違った年代を提示している場合もある。また、今川氏の文書は有年号かつ寺社宛のものが多いため、そのままでは事実を羅列した「無味乾燥」的な年表のようになりかねない。そのため、読み物風な叙述になるよう心がけた。さらに重要な事柄については、別途コラムを設定して論ずることにした。多忙の中、ご協力いただいた執筆者には、心より謝意を表する。

本書の刊行によって、戦国大名今川氏の動向や、領国下における出来事といった歴史的な推移は明らかとなったといえると思う。しかし、いまだ解明されていない研究分野があることは言うまでもない。むしろ、そちらの方が多いというのが現状である。本書をきっかけに今川氏の研究者が増えることになれば、と願っている。

二〇一七年三月

大石泰史

目次

戦国前史……12
駿河今川氏と遠江今川氏／遠江は東西の半国守護となる／今川範政、上杉禅秀の乱を鎮圧／遠江は斯波氏分国となる／今川義忠、駿河守護職を継ぐ／今川義忠討死／小鹿範満、駿河今川家を継承
文明十一年(一四七九)～文明十八年(一四八六)……16
氏親、将軍より父義忠の遺跡等を安堵される／長享の乱。範満の求心力低下
文明十九年・長享元年(七月二十日改元　一四八七)……17
伊勢宗瑞、駿河下向／氏親、幕府体制下に入る／小鹿範満生害
長享二年(一四八八)……18
駿州高橋で合戦／駿遠両国の安定／宗瑞、石脇城在城
長享三年・延徳元年(八月二十一日改元　一四八九)……20
延徳三年(一四九一)……20
堀越公方家の家督争い
延徳四年・明応元年(七月十九日改元　一四九二)……21
甲斐武田家の家督争い／氏親、甲斐侵攻
明応二年(一四九三)……22
明応の政変。宗瑞、伊豆国侵攻
明応三年(一四九四)……22
今川家の家宰として宗瑞が遠州へ侵攻
明応四年(一四九五)……23
宗瑞、拠点を伊豆に移す／大地震発生
明応五年(一四九六)……24
氏親、遠江東部を支配
明応六年(一四九七)……25
氏親、遠江中部を掌握／宗瑞、伊豆に勢力拡大
明応七年(一四九八)……26
堀越公方茶茶丸、自害／遠江で大地震
明応八年(一四九九)……27

氏親、遠江東・中部の所務を支配／宗瑞、伊豆の安定化を目論む
明応九年（一五〇〇）…… 28
氏親、遠江守護斯波氏との戦闘準備に入る
明応十年・文亀元年（二月二十九日改元　一五〇一）…… 29
堀江要害の戦い・蔵王城合戦／斯波氏、信濃小笠原氏と協調体制
文亀二年（一五〇二）…… 31
氏親、初めての禁制発給
文亀三年（一五〇三）…… 32
文亀四年・永正元年（二月三十日改元　一五〇四）…… 32
古河公方家の内紛／宗瑞、扇谷上杉氏に合力／氏親・宗瑞、立河原で山内上杉氏と激突
永正二年（一五〇五）…… 34
氏親、三河国衆奥平氏に約束手形／氏親、中御門胤宣娘（寿桂尼）と結婚
永正三年（一五〇六）…… 35
氏親、三河国へ侵攻／宗瑞、三州今橋城を攻撃／今橋城陥落。今川氏が確保
永正四年（一五〇七）…… 36
今川氏の遠江支配は三河国境まで浸透
永正五年（一五〇八）…… 42
氏親、京都との音信を図る／氏親、遠江守護職を斯波氏から奪還／今川勢、三州岩津城での合戦に敗北
永正六年（一五〇九）…… 43
氏親、三河出陣の意思表明／宗瑞、相模国へ乱入。宗瑞の自立
永正七年（一五一〇）…… 45
今川勢、三河に侵攻／斯波氏、今川に押され引佐花平に陣を移す
永正八年（一五一一）…… 46
今川勢、斯波氏・井伊次郎・引間衆大沢氏を攻撃／井伊次郎を駆逐。直平が今川に属す／氏親、将軍の御内書を受ける
永正九年（一五一二）…… 48
今川・斯波、一時休戦

永正十年（一五一三）……50
氏親、斯波氏を遠州から一掃する／氏輝誕生。冷泉為広、駿河下向
永正十一年（一五一四）……51
駿河国内の安定。被官に遠江の領地を与える／今川文化の開花
永正十二年（一五一五）……52
甲斐の武田信虎と大井信達の合戦／氏親、大井氏支援のため甲斐へ出陣
永正十三年（一五一六）……53
今川勢、甲斐勝山に籠もる
永正十四年（一五一七）……53
今川勢、甲斐吉田で信虎と合戦／今川勢、甲斐勝山から撤退／今川勢、引間に籠る斯波義達と合戦／義達を尾張へ送り返す
永正十五年（一五一八）……55
駿河国衆が三州渥美郡に乱入／今川・武田氏の和平／懸川朝比奈氏、今川氏一門となる
永正十六年（一五一九）……57
義元誕生
永正十七年（一五二〇）……58
永正十八年・大永元年（八月二十三日改元　一五二一）……59
今川勢、甲斐河内で信虎と合戦／今川勢、甲斐上条河原で信虎軍に敗北
大永二年（一五二二）……60
今川氏、三河方面へ出陣
大永三年（一五二三）……61
氏親、重篤な病いに罹る
大永四年（一五二四）……62
氏輝、連歌師宗長と対面
大永五年（一五二五）……63
氏輝元服／氏親の病気が進行か
大永六年（一五二六）……65
氏親、今川仮名目録を制定／氏親死去／武田信虎と北条氏綱が梨ノ木平で合戦／寿桂尼「歸」印の文書を発給

大永七年（一五二七）……72
氏輝、「亭主」として活動を開始／今川・武田の和睦。主導者は寿桂尼
大永八年・享禄元年（八月二十日改元　一五二八）……73
氏輝、家督として文書発給／寿桂尼が再び文書を発給
享禄二年（一五二九）……74
享禄三年（一五三〇）……75
駿河府中、火災
享禄四年（一五三一）……76
氏輝、冷泉家の歌道の門弟となる
享禄五年・天文元年（七月二十九日改元　一五三二）……77
氏輝、継続的に文書を発給し始める／今川家の「馬廻衆」設定
天文二年（一五三三）……78
氏輝、遠江国衆と初交渉／氏輝、自邸で冷泉為和と歌会始
天文三年（一五三四）……80
寿桂尼、甲斐への荷留／氏輝、駿東に文書発給／今川・武田氏の交戦
天文四年（一五三五）……82
武田信虎、駿河侵攻／氏輝、北条氏に援軍要請。万沢口で武田氏を撃退
天文五年（一五三六）……83
氏輝、小田原訪問／氏輝死去（二四歳）／花蔵の乱。承芳（義元）と氏輝弟（恵探）の家督争い／寿桂尼、恵探派として行動／恵探、北条氏綱に攻撃され、家督は承芳が継ぐ／承芳、義元と名乗る／義元、花倉の乱の恩賞・感状を発す
天文六年（一五三七）……88
義元、武田信虎娘と結婚し、武田氏と和平／北条氏綱、駿河出陣／第一次河東一乱／駿河富士下方衆、吉原で北条軍と合戦／今川・北条の合戦は膠着状態
天文七年（一五三八）……91
義元、三州吉田社に社頭を寄進／北条氏、駿河府中近くにまで侵攻／氏真誕生

天文八年（一五三九）……………………………………………92
駿州蒲原城を北条氏が攻撃
天文九年（一五四〇）……………………………………………94
第一次河東一乱の終息／義元、駿遠両国に安堵状・寄進状を発す
天文十年（一五四一）……………………………………………95
武田信虎、甲斐追放
天文十一年（一五四二）…………………………………………97
義元、領国経営に専念
天文十二年（一五四三）…………………………………………99
駿東で北条氏と小競り合い／義元、駿遠両国に安堵状・寄進状を発し続ける
天文十三年（一五四四）…………………………………………101
駿河の皮商人を統制／義元、連歌師宗牧と対面
天文十四年（一五四五）…………………………………………103
将軍義輝、河東一乱の停戦呼びかけ／武田晴信、伊那出兵の援軍を北条・今川氏に要請／近衛稙家、今川・北条の和睦を申入／義元、駿州善得寺で晴信と起請文を交わす／義元、三島に出陣（第二次河東一乱）／義元、駿東を取り戻す／義元、黄瀬川を渡河／義元、北条氏と停戦
天文十五年（一五四六）…………………………………………113
今川氏の三河出兵目的／雪斎、今橋攻撃を統括、同城陥落
天文十六年（一五四七）…………………………………………116
松平広忠、今川に降服／今川氏、尾張の織田信秀と連携／田原本宿の合戦／松平信孝離反、織田氏と決裂
天文十七年（一五四八）…………………………………………121
奥平久兵衛尉謀反／今川氏輝十三回忌／小豆坂合戦で今川氏勝利
天文十八年（一五四九）…………………………………………123
義元、従四位下叙位／今川氏、田原制圧か／駿府浅間社の役銭賦課体制整備／今川氏、三州吉良荘に侵攻／安城城、陥落／竹千代、駿府に引き取られるという

コラム

執筆分担

今川氏年表

氏親　氏輝　義元　氏真

駿河今川氏と遠江今川氏

遠江は東西の半国守護となる

戦国前史

南北朝期、足利氏の一門であった今川氏は尊氏《たかうじ》に従い、今川範国《のりくに》が駿河および遠江国の守護となった。その後、嫡子範氏《のりうじ》が両国の守護となったものの、遠江の守護は三人の弟の一人貞世《さだよ》(了俊《りょうしゅん》)の系統に受け継がれた。一方、駿河守護は範氏の子氏家《うじいえ》に継承されることとなった。そのため、範氏の系統を駿河今川氏(今川氏嫡流)、了俊の系統を遠江今川氏という。特に駿河今川氏は、関東の政治的秩序のトップであった鎌倉の関東公方の監視も幕府から期待されていた。

了俊は一時期、室町幕府第三代将軍足利義満《よしみつ》によって九州探題に任ぜられていたが、応永二年(一三九五)頃に突如、同探題を罷免されてしまった。あわせて幕府は遠江国を東西に区分して半国守護とし、遠江国を了俊とその弟仲秋《なかあき》に与えた。これは、了俊が備後国(広島県)など一〇ヶ国もの守護を兼任するようになっていたことを懸念した足利義満による処置とされている。

応永六年(一三九九)、周防国(山口県)など六ヶ国の守護であった大内義弘《よしひろ》が幕府に叛乱を起こした(応永の乱)。このとき了俊が義弘と通じているとされ、さらに翌年、第三代鎌倉公方足利満兼《みつかね》に義弘への同調を呼びかけたとして了俊の追討令が発せられた。このため了俊は幕政にタッチしないことで赦免され、彼の領有していた遠江の半国は駿河今川家の跡を襲った泰範《やすのり》のもとに移された。

横地一族供養塔

今川義忠討死

義敏《よしとし》を三度目の守護に任じた。これに対して同年十月、義廉と山名宗全《やまなそうぜん》は将軍義政の後嗣であった義視《よしみ》を奉じて独自に守護を任じ（西軍・西幕府）、義廉は西幕府の管領となった。一方、将軍足利義政側の東軍（東幕府）は斯波義良（義敏の嫡子）を遠江守護とし、駿河守護今川義忠も東幕府に属していた。

文明五年（一四七三）十一月、将軍義政は、義忠に東幕府の三河守護細川成之《しげゆき》らに協力する見返りとして、遠州懸川《かけがわ》荘（掛川市）を与え、河匂《かわわ》荘（浜松市）も与えたと思われる［戦今四〇、静岡６二四九四］。義忠はこれを遠江回復の好機と捉えたのか、遠江に出兵することを決断した。

翌年（一四七四）八月、義忠は遠江国府中（磐田市）において東幕府の遠江守護代であった狩野宮内少輔を攻撃し、十一月には彼を自害させた。これは、先述した駿河国内への宮内少輔の侵攻に対する報復とも考えられるが、さらに同じ東幕府であった三河吉良《きら》氏の被官巨海《こみ》新左衛門尉も討伐し［静岡６二四九四］、十二月に細川成之らの軍勢を残して帰国の途についた。

東幕府は義忠の行動を許容せず、文明七年（一四七五）二月になると西幕府の斯波義廉の重臣甲斐《かい》敏光《としみつ》を寝返らせ、彼を遠江守護代として下向させた［戦今二六六六］。それに呼応して義忠の遠江侵攻に不満を持っていた横地・勝田両氏が挙兵。六・七月頃、今川勢は勝田氏を攻め［和漢合符］、翌文明八年に勝田氏と交戦に及んだところ、義忠は討死してしまった［妙法寺記］。

これによって駿河今川氏の遠江回復はいったん頓挫し、駿河今川氏の家督は幼い嫡子氏親《うじちか》で

小鹿範満、駿河今川家を継承

氏親、将軍より父義忠の遺跡等を安堵される

はなく、義忠の従兄弟小鹿《おしか》新五郎範満《のりみつ》が継承することとなった。範満はすでに文正元年（一四六六）に、将軍義政から祖父にあたる上杉政憲《まさのり》に同心して陣を進めるよう要請される［戦今二五］ほど、すでにひとかどの武将として行動していた。その時点で、範満は扇谷《おうぎがやつ》上杉家の太田道灌《どうかん》と交誼を結んでいたこともあり、義忠没後、堀越公方足利氏と扇谷上杉氏の介入によって駿河今川氏の家督になったのである。文明八年（一四七六）六・八月には、やや原本として疑問が残るものの、範満は伊東氏に対して書状形式の感状を発給している［戦今四三・四四］ため、家督として行動していたとすることも可能であろう。

文明十一年（一四七九）～文明十八年（一四八六）

文明十一年（一四七九）十二月二十一日、足利義政は今川龍王丸《たつおうまる》（後の氏親。以下、氏親で統一）に、亡父義忠の遺跡所領等を安堵した［戦今五五］。氏親は文明三年もしくは同五年生まれとされるため、このとき九歳、あるいは七歳であった。これによって、氏親は駿河今川氏の正式な家督であると将軍義政によって承認され、小鹿範満が家督の代行（中継ぎ）とみなされたと判断される。

文明十三年（一四八一）九月二十九日以前、今川家在京雑掌《ざっしょう》の法音《ほういん》が、政所執事《まんどころしつじ》の伊勢氏の一族と思われる盛頼《もりより》から九〇貫文を借りている。盛頼はこの日に貸した金が徳政などで流れないように幕府へ願い出ている［静岡7一九］。今川家と伊勢家との関連が垣間見える事象とも考えら

長享の乱。範満の求心力低下

伊勢宗瑞、駿河下向

れる。

　文明十八年（一四八六）七月二十六日、扇谷上杉氏の家宰である太田道灌が、主君である上杉定正《さだまさ》の糟谷《かすや》（伊勢原市）の館に招かれ、謀殺された［太田資武状］。関東では扇谷上杉氏と関東管領家の山内《やまのうち》上杉氏との対立（長享の乱）が勃発した。道灌の死は駿河にも大きな影響を与え、道灌と堀越公方足利政知の支援で駿河今川氏の家督継承を果たすことのできた小鹿範満の求心力は、徐々に弱体化し始めたと思われる。

文明十九年・長享元年（七月二十日改元　一四八七）

四月十四日、伊勢盛時《もりとき》は室町幕府第九代将軍足利義尚《よしひさ》の申次《もうしつぎ》として甘露寺親長《かんろじちかなが》の日記に登場する［小田原Ⅰ二九四］。盛時は今川氏親の叔父で（氏親の母北川殿の弟）、一般的に北条早雲《そううん》と呼ばれる人物である。今川氏関連の確実な史料では「宗瑞《そうずい》」とあるため、以後「伊勢宗瑞」とするが、彼は文明九年段階ですでに義尚の申次衆となっていた。

その彼が四月以降、甥の氏親の家督相続に関して駿河国へ下向してきた［静岡7一〇八・一〇九］。従来、文明八年にも彼は駿河に下向してきたとされていたが、現在、それは誤りとされている。

　宗瑞の支援が奏功したと思しき十月二十日、氏親は駿州東光寺《とうこうじ》（島田市）に、従来通り、山屋敷の境までの給主諸公事《きゅうしゅしょくじ》を黒印《こくいん》で免除した［戦今六五］。本文書は現時点での氏親の初見文書で、

氏親、幕府体制下に入る

小鹿範満生害

駿州高橋で合戦

文中に「今度御宿願《このたびのごしゅくがん》」とあって、氏親は自身のもとに家督が戻されるのを熱望していたことがわかる。この文書の日下《にっか》には「龍王丸」と署名して黒印を捺し、文末には「仍執達如件《よってしったつくだんのごとし》」という奉書文言《ほうしょもんごん》がある。奉書の主体はこれまで議論が続けられてきたが、現在では将軍家であると考えられている。将軍の意向を伝える文書が氏親によって発せられており、氏親は幕府の体制下に組み込まれていたことを示している。

十一月九日、文明八年（一四七六）から駿河今川氏の家督であった小鹿範満は、氏親と彼を支える伊勢宗瑞によってその地位を逐われ、生害した〔今川氏親と寿桂尼〕。氏親は念願の家督継承を一七歳（あるいは一五歳）で果たしたのである。

なお五月三日、今川氏一族の可能性のある左京兆《さきょうのちょう》氏世《うじよ》が、『北国紀行』の著者で天台僧の歌人堯恵《ぎょうえ》から「古今集灌頂伝受《こきんしゅうかんじょうでんじゅ》」（古今声句相伝聞書、池田侯爵家本）を相伝している〔国語と国文学一一—四—三六四頁〕。

長享二年（一四八八）

氏親の家督継承に問題が残されていたのか、正月十四日、駿州高橋（清水市）で合戦があり、由比《ゆい》光規《みつのり》の被官人等が傷を被ったことに対して氏親が感状を発した〔戦今六六〕。合戦の相手や具体的な規模・内容は明確でない。

駿遠両国の安定

宗瑞、石脇城在城

四月十八日には、遠江国内に所領を持っていた後藤親綱《ちかつな》が同国から入洛した〔静岡7一二四〕。後藤氏は南北朝期から今川氏と関係を有する氏族で、「国々」が落ち着いたために上洛したという。「国々」とは遠江と駿河両国と考えられ、氏親の家督継承をめぐる前年十一月の争いで一時駿遠両国が不安定になったが、ようやく落ち着き始めたということだろう。

七月二十八日、氏親は興津《おきつ》彦九郎に横山(清水市)周辺と考えられる本知行を安堵した〔戦今六七〕。正月の由比光規宛の文書でも本文書でも、日下には「龍王丸」とあるので、氏親はまだ元服前であったと思われる。両文書は、氏親の家督継承後に発給されており、ともに駿河の府中(静岡市)よりも東側の駿河湾の北西岸にあてた文書である。特に後者は興津彦九郎を嫡流と認めた安堵状であるため、この地域に残存する氏親を家督と認めない勢力を駆逐した可能性も否定できない。

九月二十八日、伊勢宗瑞が、駿州長田《おさだ》荘(静岡市)内の新田分の地を、熊野那智山に返している〔戦今六八〕。氏親の元服前に宗瑞が訴訟の判決を下したものであるため、宗瑞が今川家の家宰として本文書を作成したと考えられている。また年代的に不明ながらも、氏親の家督継承前後で、宗瑞は駿河西部の石脇《いしわき》城(焼津市)に在城していたとされる〔戦北四一四五〕。伝承では、氏親の家督継承の恩賞として下方《しもかた》荘(富士市)や興国寺《こうこくじ》城(沼津市)を拝領したとされる。しかし、興国寺城の築城は後の天文十八年(一五四九)のことで、仮に下方荘の拝領が事実としても、その支配を行う城はおそらく善得寺城《ぜんとくじ》（富士市）と考えられるため、この伝承は誤りと思われる。

十一月二十六日、熊野御師《おし》と思われる良済《りょうさい》が、駿州富士下方（富士市）の熊野檀那職《だんなしき》を、花蔵《けぞう》院《いん》に売っている［戦今六九］。本文に「今川殿之引一円ニ」とあるように、すでに今川領国において熊野の霞場《かすみば》が拡がっている状況をうかがうことができる。

長享三年・延徳元年（八月二十一日改元　一四八九）

正月、氏親は駿州服織荘《はとり》（静岡市）の今宮浅間社別当職《いまみやせんげんしゃべっとうしき》等を、同国建穂寺真光坊《たきょうじしんこうぼう》に安堵した［戦今七二］。これまでは「龍王丸」の署名の下に印文未詳黒印を捺していたが、本文書では「氏親」とある。しかし本文書以降、「五郎」の署名の下に花押が据えられているため、本文書の「氏親」署名については疑問視されている。

延徳三年（一四九一）

五月六日、幕府は北野天満宮の社領である駿州河原一色《かわはらいっしき》（焼津市）の押領を止め、天満宮社家雑掌に年貢を渡すよう、氏親に命じた［戦今七七］。これは幕府奉公衆のメンバーでもある宗瑞の取次によって下されたもの［北野社家日記］とされており、駿河今川氏の家宰でもあった宗瑞の幕府との関係を示す好例といえる。

堀越公方家の家督争い
甲斐武田家の家督争い
氏親、甲斐侵攻

七月一日には、伊豆韮山《にらやま》の堀越公方家で家督継承争いが勃発した。四月に足利政知が没し、その跡を継いだ潤童子《じゅんどうじ》と継母の円満院《えんまんいん》を、廃嫡された茶々丸《ちゃちゃまる》が殺害したのである［京華集］。宗瑞は五月六日に上洛していたが、これを聞いて急ぎ帰国したという。

延徳四年・明応元年（七月十九日改元　一四九二）

家督継承争いは甲斐国でも起こっていた。守護武田信昌《のぶまさ》の嫡子信縄《のぶつな》と、信昌の支持する次子油川信恵《あぶらかわのぶよし》の紛争で、六月十二日に信恵方の栗原信遠《のぶとお》が信縄方の穴山信懸《のぶかね》を排除しようと出兵した。市川（西八代郡市川三郷町）に出陣［日国記］して七月二十二日に両軍が激突した［王代記］ため、現在これを市川合戦と呼んでいるが、いずれが勝者であるかは不明である。

この戦闘を受けて九月三日、信濃の勢力が信恵方に加わったようだが、氏親が九日に甲斐国内へ侵攻している［静岡7一七六・一七七］。これはおそらく、信縄支援の軍事行動であろう。

なおこの年の五月、那古野《なごや》今川氏の国氏《くにうじ》が尾張国愛智《あいち》郡の公領である井戸田《いどた》・市部《いちべ》等（名古屋市瑞穂区）の代官職を請け負っている［戦今八〇］。那古野今川氏は氏親の子氏豊《うじとよ》が継ぐことになるが、このとき国氏は奉公衆一番衆で、井戸田荘と市部は勾当《こうとう》領（長橋局《ながはしのつぼね》領）とされている。

明応二年（一四九三）

四月、室町幕府の管領細川政元《まさもと》は、将軍足利義材《よしき》を廃して、天竜寺香厳院《こうごんいん》の清晃《せいこう》（後の義澄《よしずみ》。以降、義澄で統一）を還俗《げんぞく》させて将軍とするクーデター（明応の政変）を起こした。それに併せて伊勢宗瑞は、駿河勢を率いて伊豆国に侵攻し［静岡7一八六～一八八］、第二代堀越公方足利茶々丸を攻撃した。細川政元および政知・義澄父子に近い関係にあった氏親・宗瑞は、延徳三年に殺害された義澄の実母（円満院）と実弟（潤童子）の仇敵《きゅうてき》を討つために出兵したとされる。このとき、宗瑞が出家して盛時から宗瑞へと改名したのではとの推測もある。宗瑞と氏親は扇谷上杉氏と結び、一方の茶々丸は扇谷上杉氏と対立していた山内上杉氏を頼ったため、宗瑞・氏親は山内上杉氏とも抗争を開始した。

明応の政変。宗瑞、伊豆国侵攻

明応三年（一四九四）

八月、伊勢宗瑞が遠州三郡（佐野《さや》・山名《やまな》・周智《すち》の三郡カ）に攻め入り［静岡7一九三］、高藤城《たかふじ》（掛川市）を落とした。氏親の家督継承以前から遠江守護職をめぐって斯波氏と対立していたこともあり、今川氏の家宰として宗瑞が戦ったと考えられる。その戦闘のためか、遠江国は八月中に、戦災で餓死者等が多数発生したと伝わっている［静岡7一九四］。

今川家の家宰として宗瑞が遠州へ侵攻

宗瑞、拠点を伊豆に移す

宗瑞の攻撃目標は原田荘（掛川市）の原氏であった。これより以前、原頼景《よりかげ》や遠江守護代甲斐敏光《としみつ》が足利茶々丸らと接点があり、遠江勢力による茶々丸支援が確実で、同荘の寺院も直接被害に遭った［円通松堂禅師語録］ことからも想定できる。これを受けて、前将軍の義材派で、かつ遠江守護の斯波義寛《よしひろ》（義良）が、氏親や宗瑞ら駿河勢に牽制の意味を込めて入国したとの見方もある。

九月二十日、氏親は駿州安部山《あべやま》俵嶺《たわらみね》の半分を、「山中より出忠節として」杉山太郎衛門に与えた［戦今八九］。同月、宗瑞は扇谷上杉定正の要請で武蔵国に出陣し、二十八日には定正と対面している［石川忠総留書］。杉山の「山中より出」てきたことが忠節行為にあたるのは間違いないが、それが宗瑞の武蔵出陣と関連するのかははっきりしない。

明応四年（一四九五）

二月五日以降、徐々に宗瑞による伊豆方面への調略が始まったようにも思えるが［戦今九一］、八月になると宗瑞は、伊豆から甲斐国に進攻している［静岡7二〇九］。足利茶々丸が伊豆七島へ落ち延びている［勝山記］ので、この段階で宗瑞は拠点を伊豆に移し、そこから甲斐へ進攻して茶々丸の捜索を行い、すぐに講和を結んで退却したと考えられている。

一方、氏親は駿河国内の寺社に対して安堵状を発給しており、九月二十六日には師阿弥陀仏《し》

大地震発生

に駿州安西寺《あんざいじ》（静岡市）の住持職と田畠屋敷を、十二月二十五日には駿州大屋郷《おおや》（静岡市）内で東流大夫の持っていた土地を安堵している［戦今九五・九六］。

近年、この年の八月十五日に大地震が発生し、鎌倉の高徳院《こうとくいん》の大仏殿が津波で破壊され、死者が二〇〇人を超した［鎌倉大日記］という記載は正しかったのではないか、またこのときを利用して宗瑞が伊豆を領域化していったのではないか、との説が提示された。『後法興院記《ごほうこういんき》』にも「酉の刻（夕方六時前後）に地震があった」とあり、考古学的にも二度の地震を想定してもおかしくないという。当時、宗瑞と氏親は共同戦線を張っていることが多かったため、宗瑞の伊豆および甲斐への侵攻には、今川勢も加わっていた可能性が高いと思われる。

明応五年（一四九六）

六月八日、氏親が駿州入江荘《いりえ》（清水市）内の和矢部《わやべ》における朝比奈弥次郎《あさひな》の所有地を、岡部左京進《さきょうのしん》の日々の奉公によって本領として宛行《あてが》っている［戦今九八］。

七月十八日、氏親は遠州長松院《ちょうしょういん》（掛川市）に対して軍勢の濫妨を禁じた袖花押の文書を発給した［戦今一〇〇］。これは文言の明記はないものの、制札そのものであり、氏親が遠江に軍事行動を開始したため、長松院から今川氏に願い出て発給されたと考えられる。なお長松院には、九月二十六日に同国金屋郷《かなや》内の深谷《ふかや》（金谷町）や山口郷内の奥野《おくの》（掛川市）、下西郷《しもにし》（同）内の仏道寺と

氏親、遠江東部を支配

五段田が寄進されている［戦今一〇二］ので、氏親による遠江東部の支配が進行しつつあったと思われる。

七月十九日、氏親は大河内《おおこうち》弥三郎に対して駿州入江荘（清水市）内勝木の「松光大夫跡」の地を与えている［戦今一〇一］。宛名の大河内氏については、永正期に遠江で反今川となっていた勢力が頭に浮かぶが、弥三郎がその一族かどうかは不明。

九月十日、遠州山口郷（掛川市）に勢力のあった川井成信《かわいしげのぶ》が討死した［円通松堂禅師語録］。七月に今川氏が遠江に侵攻したため、遠江国内の中小領主層が動揺し、近隣同士で対立関係になったことから成信は殺害されたと考えられている。

なおこの年の十月以降、連歌師宗長《そうちょう》が駿河に帰国し、氏親と親交を深めている。

明応六年（一四九七）

氏親、遠江中部を掌握

七月十八日、氏親は遠州華厳院《けごんいん》（掛川市）への濫妨を止めた「禁制」を発し、八月には同国新池郷《にいけ》（袋井市）の地頭職を、加々爪政泰《かがつめまさやす》に安堵した［戦今一〇九・一一〇］。徐々に今川氏の勢力が遠江中部に及び、在地領主たちを把握し始めたようである。

ところで七月二十七日になると、中原師富《もろとみ》が三条西実隆《さんじょうにしさねたか》宅を訪問し、藤民部《とうみんぶ》の所領であった駿州車返《くるまがえし》（沼津市）について、正親町三条実望《おおぎまちさんじょうさねもち》の室＝氏親の姉（栄保大姉）が氏親に書状を遣わ

宗瑞、伊豆に勢力拡大

堀越公方茶茶丸、自害

している［静岡7二三四］。具体的な内容はわからないが、当時車返の所役について問題があって、そのとりなしを氏親に依頼したのであろうか。

なお、宗瑞は茶々丸との抗争が続く中、伊豆国大見《おおみ》郷の佐藤藤左衛門尉・梅原六郎右衛門尉・佐藤七郎左衛門尉の三人（通称、「大見三人衆」）の協力の下で、徐々に勢力を拡大していった［戦今一〇五・一〇七・一一四など］。しかし、伊豆の中部以南はまだ押さえ込めていなかった。

明応七年（一四九八）

正月九日、在京中の三条西実隆は、今川氏親のもとにいる足利義澄妹の上洛予定を聞き、正親町三条邸に向かった。彼女は二十四日に上洛し、正親町三条邸に滞在している［静岡7二四一・二四二］。

七月二十八日、文書の信憑性はやや薄いが、氏親は藁科中務丞《わらしななかつかさのじょう》に、駿州益津《ましづ》荘（焼津市・藤枝市）内の岡田郷、遠州上長尾《かみながお》村（中川根町）・水川村（同）を与えている［戦今一一五］。

八月、伊勢宗瑞に捕縛された第二代堀越公方の足利茶々丸が自害した［静岡7二五二］。明応二年以降の宗瑞の念願が果たされたのである。

十一月十三日、前年の原要害における忠節で、遠州貫名《ぬきな》郷（袋井市）国衙《こくが》引田を孕石行重《はらみいしゆきしげ》に与えている［戦今一一六］。孕石氏は原氏の庶流とされているので、前年＝明応六年の原要害におけ

遠江で大地震

氏親、遠江東・中部の所務を支配

宗瑞、伊豆の安定化を目論む

る合戦は同五年に始まった原田荘での戦いの延長線上にあったと考えられている。これ以降、当該地域で合戦があったようには見えないため、原田周辺での合戦が終息し始めたと考えられる。

七月には暴風雨や洪水・高波等が発生し、遠江国内の民家や田などに被害が出たり、八月八・九日にも暴風雨や雹《ひょう》などで、遠江国内の神社仏閣や民家に被害が出ていた［静岡7二四四・二四六］。そのような中で八月二十五日、遠江国に大地震が直撃し、地割れや津波等が起こり、大きな被害に見舞われた［静岡7二四七〜二五〇・二五三など］。ただ、六月十一日にも全国的に揺れた地震があったようだが［高白斎記］、八月の地震ほど史料が残されていない。

明応八年（一四九九）

この年、氏親は遠江西部にまで力を及ぼす一方、同国東・中部に対しては所務レベルにまで支配を深めるようになった。正月十九日には遠江国府八幡宮（磐田市）に、同国羽鳥《はとり》荘内貴平《きへい》郷（浜松市）の地頭職を還付した［戦今一一九］。五月三日には三浦平五《へいご》に、駿州大津《おおつ》郷（島田市）の料所方と同郷の段銭《たんせん》、智満寺《ちまんじ》および島田郷（同市）の諸役を除いた半分や河合関《かわいのせき》（静岡市ヵ）での権益を安堵した［戦今一二三］。九月七日には遠州高松社（浜岡町）領の諸公事を免除している［戦今一二六］。

一方の宗瑞は、伊豆国内の安定化を目論み、三月二十八日に、伊豆国修禅寺《しゅぜんじ》東陽院《とうよういん》（修善寺

氏親、遠江守護斯波氏との戦闘準備に入る

町)を不入《ふにゅう》として寺地を寄進し[戦今一二〇・一二一]、さらに同月、伊豆国宝成寺《ほうじょうじ》(伊豆長岡町)に禁制を出している[戦今一二二]。

明応九年(一五〇〇)

三月十二日、浜名湖の北の井伊谷《いいのや》(引佐町)を拠点とする井伊氏の一族と思われる井伊直勝《なおかつ》が、遠州華厳院に同国笠原荘《かさはら》峰田郷《みねだ》(小笠町)堀内門田《ほりのうちもんでん》のうち五段の田を寄進した[戦今一二七]。直勝が華厳院に文書を発給しているのは、笠原周辺を拠点とする井伊氏の支流が存在していた可能性を視野に入れる必要がある。というのは鎌倉期以降、井伊氏は横地・勝田氏とともに史料に現れ、さらに両氏と井伊氏が一族とされることもあるため、当該地域は井伊氏との関係性が深いようだ。また、華厳院の近辺に今川氏御一家とされる新野《にいの》氏の名字の地があり、その新野氏の女性と井伊谷の井伊直盛《なおもり》が婚姻を結んでいるため、今後西遠と東遠といった距離的にはやや離れていながらも、在地における有力者同士の密接な関係性には注意しておくべきだろう。

五月三十日、氏親が由比光規に対して、「遠州一途」であるため、戦闘の準備をするように命じている[戦今一二八]。遠江を自領域としたい氏親の気持ちが表現された文言と思われ、翌年から本格化する斯波氏との武力衝突を予感させる。

なお氏親は、明応九年以前の五月に駿州増善寺《ぞうぜんじ》(静岡市)の居廓元宗《いかくげんそう》から、道号と頌を与えら

増善寺山門と参道

れている［戦今一二九］。

明応十年・文亀元年（二月二十九日改元　一五〇一）

三月十日、遠江守護斯波義寛は、信濃小笠原氏の分家にあたる松尾小笠原定基《さだもと》に自身への合力を要請、あるいは敵である今川氏・伊勢氏からの加担要求を拒否するよう依頼した［静岡7二八七・二八八］。氏親等の影響が遠江国内に浸透している状況を看て取れる。

その一方で宗瑞は、同月二十八日に、伊豆山への寄進として相模国上千葉郷（鎌倉市）内の土地の替わりに伊豆国田牛《とうじ》村（下田市）を渡している［戦今一三四］。

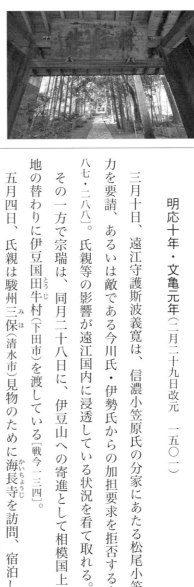

五月四日、氏親は駿州三保《みほ》（清水市）見物のために海長寺《かいちょうじ》を訪問、宿泊している［静岡7二九〇］。七日には斯波氏が再び遠江国で反発を始めたようで、義寛の子義達《よしたつ》が伊豆国の土肥《とい》次郎に対し、遠江＝斯波氏に合力するために駿河へ出陣したことに対する礼を述べている。なお、義達の奏者はこれまで「持野《もちの》上野介寛親《ひろちか》」とされていた。本文書は写ではあるが、文書の運筆から「狩野」寛親と考えられる［長野県立歴史館所蔵佐藤氏古文書・土肥氏古文書］。

その寛親は六月十六日、同じく土肥次郎に対し、遠江守護で自身の「屋形」である斯波義寛への協力に対する礼を述べ、味方への周知を依頼している［戦今一三六］。寛親は「今川氏が遠江を理由もなく一方的に欲しがり、残念でならないが、被官たちは思いがけずに取合＝互いに領

堀江要害の戦い・蔵王城合戦

知を奪い始めたのを、そのまま捨て置いていた」と明応五年以来の今川氏による遠江侵攻の経緯を述べている。そのうえで今年の秋に遠江に入国してほしいと述べており、本年における今川氏との全面対決への意向を示していた。

閏六月二日、宗瑞は信濃諏訪氏の家臣千野《ちの》某に宛てて、甲州の調儀について諏訪頼満《よりみつ》へ連絡し、同心の依頼を行った〔戦今一三八〕。氏親とともに甲斐武田氏を攻撃する予定だったようで、九月に甲斐吉田城山・小倉山（ともに富士吉田市）に布陣するものの、敗北している〔静岡7三〇九〕。

六月十九日、細川政元の被官赤沢宗益《あかざわそうえき》（朝経《ともつね》）が、信濃松尾の小笠原定基へ遠江守護斯波義寛への協力を求めている〔静岡7二九三〕。そして閏六月二十一日、斯波寛元・義雄《よしかつ》が小笠原定基・貞忠《さだただ》に対し、遠江出陣を要請した〔静岡7二九七・二九八〕。だが、七月六日になってもまだ定基は遠江国に向けて出陣できておらず、義雄から再度出陣の催促を受けている〔静岡7二九九〕。

七月、氏親は宗瑞と懸川城主朝比奈泰凞《やすひろ》を派遣し、斯波氏の一拠点である堀江に近いと考えられる「黒山」を攻撃し、三十日には落人狩りの徹底を伝え、周辺地域の安定を期待している〔戦今一四〇〕。八月六日には浜名湖に面する堀江要害（浜松市）での戦いで、朝比奈助次郎が奮闘しており〔戦今一四一〕、九月二十六日に氏親は、遠州蔵王《ざおう》城（袋井市）合戦における本間宗季《むねすえ》の戦功を賞している〔戦今一四二〕。

一方、斯波氏は、七月十七日に「小笠原殿」の協力があったことを謝し〔戦今一三九〕、ようや

斯波氏、信濃小笠原氏と協調体制

く信濃小笠原氏と斯波氏との協調体制が取られ始めたと思われる。八月十二日には斯波義雄が、遠州二俣《ふたまた》(天竜市)に在陣中の小笠原貞朝《さだとも》への礼を定基および貞忠に述べ、再度の出陣を要請している[静岡7三〇一〜三〇六]。しかし、貞朝の信濃帰国は十一月七日になってもかなわず、斯波義雄は小笠原定基に、彼の帰国延期を要請している[静岡7三一三]。七〜九月の段階における斯波氏との合戦は、堀江から蔵王城という遠江南部での西から東にかかる広範囲に及んでいた。信濃小笠原貞朝も斯波氏に与同して二俣に陣を敷いたものの、そこから南下することもできなかったようなので、おそらく今川勢が優勢だったと判断される。

このような遠江情勢に対し、今川氏は駿河・遠江支配の充実をはかったようで、九月に今川氏親の母北川殿が、駿州沼津道場(沼津市)に田畠を寄進し[戦今一四三・一四四]、十一月二十七日にも氏親が興津彦九郎に対して駿州興津郷(清水市)の棟別を、十二月二十三日には遠江国府八幡宮領の人足役を免除している[戦今一四六・一四八]。なお、興津郷一〇艘の舟役のうち、五艘分の役を免除している氏親の文書も、おそらくこのころのものと考えられる[戦今一四七]。

文亀二年(一五〇二)

この年、今川領国は安定していたらしく、二月二十五日、氏親は遠州城東《きとう》郡内の高松那智権現社(浜岡町)社領の棟別を免除し、国家安全・武運長久の祈禱を命じている[戦今一五〇]。八月十五日になると、氏親は宗長《そうちょう》・宗碩《そうせき》らとともに駿河国の守護所で連歌会《れんがえ》を開催している［静岡7三三二］。

氏親、初めての禁制発給

十一月二十一日、氏親は文書の書出部分に「禁制」と記載した初めての文書を駿州新長谷寺（静岡市）に宛てて発給した［戦今一五一］。しかし、内容は参詣する人物が歌を歌ったり大声を上げたりすること、夜間の参詣、辰刻（午前八時）以前と酉刻（午後六時）以後の出入などを禁じたもので、軍兵等の濫妨狼藉を禁止したものではなかった。

文亀三年（一五〇三）

この年の冬、穴山信懸が氏親から『太平記』を借り出し、右筆に書写を命じており、書写は翌年八月二日に終了した［戦今一五四］。この貸借関係は、宗瑞が信懸と同盟を結んでいたために実現したものである。

文亀四年・永正元年（二月三十日改元　一五〇四）

古河公方家の内紛

八月一日、宗瑞は遠州尾奈《おな》郷（三ヶ日町）において、「守護代の奉書の旨に任せて」年貢諸公事を以前と同様、進納すべきことを大沢氏に依頼した［戦今一五三］。そのようなとき、関東において山内・扇谷の両上杉氏が古河《こが》公方家の内紛をきっかけに合戦を起こした。二十八日に山内上

宗瑞、扇谷上杉氏に合力
氏親・宗瑞、立河原で山内上杉氏と激突

三嶋大社本殿

杉顕定《あきさだ》が扇谷上杉朝良《ともよし》の河越城を攻めたことを受け、九月になると扇谷上杉朝良は宗瑞に合力を要請、宗瑞は武蔵に出陣し、六日には相模国江嶋（藤沢市）に禁制を発給している［戦今一五五］。十五日には宗瑞が、二十日には氏親が武蔵国稲毛《いなげ》郷「益形」＝増方山《ますかたやま》（川崎市）に陣を張った［静岡7三六四・石川忠総留書・松陰私語］。

九月二十五日、今川氏親・伊勢宗瑞と対陣していた山内上杉顕定が、甲斐武田信縄へ出陣要請のための書状を大森顕隆《あきたか》宛に発した［戦今一五六］。しかし信縄の出陣はなく、二十七日に上杉朝良・氏親・宗瑞らは立河原（東京都立川市）で山内上杉氏と激突、顕定を敗走させた。この合戦で、氏親は相模国鶴岡八幡宮（鎌倉市）に禁制を発し、十月四日に鎌倉に戻って二日ほど滞在、十七日には伊豆国熱海（熱海市）へ湯治に向かい、韮山で兵を休めてから帰国した［戦今一五七・静岡7三七〇］。

十月二十五～二十七日にかけて、宗長は伊豆国三嶋社（三島市）で、氏親の戦勝御礼のために和歌千句を詠んだ［静岡7三七三・三七四］。宗長は四月以降、駿河で拠点を得ていた［静岡7三五三］ため、氏親から戦勝祈願の連歌を詠むよう依頼されていたのであろう。

なお、氏親は宗瑞とともに明応二年以降、軍事行動を起こす中で何度か東進している。しかしこの年を最後に、東に向かうことはなくなっている。宗瑞はこの後も東へ侵攻しているが、後述するように三河方面へは氏親・宗瑞ともに出兵しているので、宗瑞の武蔵出兵は彼による

氏親、三河国衆奥平氏に約束手形

氏親、中御門胤宣娘（寿桂尼）と結婚

独自の行動と考える方がよかろう。

永正二年（一五〇五）

二月五日、氏親は浜松荘（浜松市）の一部や刑部郷《おさかべ》（細江町）、堀江郷内の佐馬間村・和字村など遠江国の天竜川以西にあるいくつかの所領を提示し、奥平貞昌《さだまさ》に「約束手形」を発した［戦今一六〇］。貞昌の居点は三河国北東に位置する作手《つくで》（作手村）で、氏親自身、遠江の実質支配を行えていない状況だったにもかかわらず、である。こうした「約束手形」は十一月に渡部平内次宛にも出されていたようで［戦今一六六］、馬見塚《まみづか》（豊橋市）の替地として三州三相村（同市）の年貢本銭一二〇貫文を与えている。遠江斯波氏との交戦を考え、西遠江よりもさらに西の三河と通じることで、後方攪乱を図ってのことと判断される。

八月五日、氏親は、長松院が所有している遠州牛岡郷《うしおか》（掛川市）の奥野や下西郷（同）の仏堂寺、さらには金屋郷（金谷町）の深谷内宮田名を長松院に安堵している［戦今一六四］。

こうした政治的な動向の一方で、八月九日、三条西実隆が氏親の和歌を添削し、さらにその翌々日、おそらく添削後の氏親の和歌を宗長に渡している［静岡7三八九〜三九一］。

なお確証はないものの、本年から永正五年までの間で氏親は中御門宣胤《なかみかどのぶたね》の娘と結婚したとされる。後に寿桂尼《じゅけいに》（以下、寿桂尼で統一）と呼ばれる彼女との結婚は、正親町三条実望とその妻＝

氏親、三河国へ侵攻

宗瑞、三州今橋城を攻撃

北向殿（氏親の姉、栄保大姉）の仲介があった可能性が指摘されている。

永正三年（一五〇六）

六月三十日、氏親は遠江国山口十二郷内における仲介のための口入米を、亀田太郎大夫に安堵した［戦今一七五］。この後、氏親は初めて三河国へと侵攻を開始する。

氏親は八月五日、作手の奥平貞昌に、来る十六日に三河への出陣予定を告げ、合力を要請すると、二十五日には遠・三国境付近の遠州本興寺《ほんこうじ》（湖西市）に禁制を発給した［戦今一七七・一七九］。九月二十一日には、宗瑞が信濃松尾小笠原定基に対し、これより以前に氏親が三州渥美郡二連《にれん》木《ぎ》城（豊橋市）の戸田憲光《とだのりみつ》に味方して、さらに自身も三河に出陣して三河今橋《いまはし》城（豊橋市）の牧野成《まきのしげ》時《とき》を攻撃中であることを知らせている［戦今一八一・一八二］。二十七日にも宗瑞の使者である大井宗菊が、氏親・宗瑞らの三河出陣について定基へ連絡している［戦今一八三］。

十月十九日、宗瑞は定基宛の書状で今橋城の陥落間近なことを告げ［戦今一八四］、結局十一月三日の同城城主牧野古白《こはく》（成時）の討死で結末を迎えた［愛知10六九八］。今川勢はそのまま西に向かい、十一月十五日には氏親が三州明眼寺《みょうげんじ》（岡崎市）に禁制を下した［戦今一八六］。

当初、氏親による三河への侵攻は、戸田憲光への加勢を理由としていた。これは戸田氏と牧野氏の対立がその背景にある。最終的に明眼寺へ禁制を発していたため、西三河への進攻も考

今橋城陥落。今川氏が確保

慮すべきかもしれないが、今橋城の陥落、牧野古白の討死でほぼ終息したことを見ると、主要目的は今橋城の確保にあったのかもしれない。ちなみにこの後、戸田憲光が今橋城を領したとの史料は存在せず、浜名湖の北にある大福寺《だいふくじ》実相坊《じっそうぼう》（三ヶ日町）との相論に登場するようになる。

十一月九日、今川氏御一家と思われる瀬名《せな》睡足軒一秀《すいそくけんいっしゅう》が、遠州本興寺に対して、無縁所である本寺には代官らによる濫妨は加えさせないとの文書を発した「戦今一八五」。閏十一月七日には宗瑞が、巨海《こみ》越中守に対して、氏親らの三河侵攻時の協力に礼を述べている「戦今一八七」。

なおこのころ（永正二、三年）、足利義澄《よしずみ》が氏親・宗瑞に御内書《ごないしょ》を送ったところ、氏親はそれに対して返信せず、宗瑞のみから返事があったことがわかっている「戦今二一六」。

永正四年（一五〇七）

この年の前半については、史料が残されておらず、不明であるが、比較的安定していたのではなかろうか。九月八日になっても領内が特に不安定になったというわけでもなさそうだが、氏親は駿州真珠院《しんじゅいん》（清水市）に濫妨、禽獣の殺生、山林竹木の伐採を禁じた制札を発した「戦今一八八」。

同月十五日、井伊谷の井伊直平《なおひら》が遠州龍泰寺《りゅうたいじ》（後の龍潭寺。引佐町）に、田地三反を寄進したとされる「戦今一八九」。直平は、後述するように今川氏と連繫していたと考えられることから、彼

今川氏の遠江支配は三河国境まで浸透

龍潭寺庭園

が今川氏に与する以前に文書を発したとは考えにくく、さらに文言にも違和感が残ることから、疑問の余地がある。

十二月二十三日、今川氏の被官福嶋範能《のりよし》は、大福寺実相坊（三ヶ日町）から、以前より三河国戸田氏の代官斎藤某が大福寺の北原山で山林伐採・打擲に及んでいるので止めて欲しいと訴えてきたので、斎藤に実否を確認して早期の返信を要請した〔戦今二〇九〕。これに対して二十七日に斎藤から返信があり、大福寺の訴えは事実無根で、打擲などの非法があれば、斎藤自身を「悪党」として成敗してもよいと述べてきたので、福嶋範能はその旨を実相坊に伝えた〔戦今一九七〕。この問題は翌年まで引き継がれ、正月五日には範能が引き続き大福寺実相坊と連絡をとっており、その後、斎藤から何か反応があったか確認している〔戦今二〇六〕。実相坊が訴訟を遠江守護であった斯波氏に訴えずに今川氏へ提訴したのは、被告が三河戸田氏の代官であり、前年に今川氏が戸田氏に加勢していた関係性を考慮すべきかもしれない。しかし、今川被官の福嶋範能が頻繁に浜名湖の北に位置する実相坊へ書状を送ることができるという状況に鑑みれば、今川氏による遠江の実効支配が遠三国境付近にまで浸透していたことを示していよう。

なお五月二十五日、三条西実隆が氏親に『伊勢物語』を贈っている〔静岡7四三〇〕。七月二十六日には氏親の所有していた太刀が紛失し、八月三日になって見つかったとある〔静岡7四三二〕。

コラム　今川氏と「足利一門」「吉良一門」

谷口雄太

今川氏は、「足利一門」と「吉良一門」という二つのアイデンティティーを持っていた。この二つの主張にはどのような関係があるのだろうか。検討してみよう。

今川氏が足利一門であることは周知のことだが、足利一門という言葉は研究史上きちんと定義されてはおらず、曖昧なまま使われてきたのが現状である。改めてその定義を確認しておくと、中世後期の足利一門とは、「源義国流（足利・新田）」＋「源為義―義朝流（吉見）」のことであった〔拙稿「足利一門再考」『史学雑誌』一二二―一二、二〇一三年〕。したがって、当時の認識でも今川氏は足利一門だと認められていたことはまちがいない。

中世後期の武家社会では、足利一門というだけで、ステータスだった。たとえば、儀礼的待遇の厚薄を測る指標に「書札礼」があるが、足利将軍家が今川氏に文書を出す場合、宛所は「今川治部大輔殿」である一方、武田氏に出す場合、宛所は「武田五郎とのへ」であった。同様に、管領細川氏が今川氏に文書を出す場合、差出書は「右京大夫政元」、宛所は「謹上　今河辰王殿」である一方、武田氏に出す場合、差出書は「政元」、宛所は「武田刑部大輔殿」であった。今川・武田両氏は室町幕府の「外様大名衆」に属す「守護」として身分・階層・役職などは同格のはずであり、年齢もたとえば細川氏の書札礼を見ると今川氏の方が若い。にもかかわらず、将軍・管領いずれの場合も今川氏へは厚く、武田氏へは薄い儀礼的待遇となっているのである。足利一門が非足利一門に対して儀礼的に優越する世界、これが中世後期の武家社会なのである。このように、今川氏は生まれながらにして足利氏の一族であるというステータスを手に入れていたのであり、この点において、周辺地域の大名たち（たとえば甲斐武田・信濃小笠原・越後上杉・関東北条などの各氏）よりも優位にあったといえる。

では、足利一門が非足利一門に儀礼的に優越したとして、足利一門の内部で今川氏はどのくらいの位置にあったか。この点、足利一門の中でも別格の地位にあったのが、吉良・石橋・渋川の三氏のみからなる「足利御三家」であり〔拙稿「足利氏御一家考」佐藤博信編『関東足利氏と東国社会』岩田書院、二〇一二年〕、そのような足利御三家に唯一対抗可能であったのが、管領筆頭の斯波氏であった〔拙稿「戦国期斯波氏の基礎的考察」『年報中世史研究』三九、二〇一四年〕。また、畠山・細川両氏も管領（将軍の政治的・軍事的代理人）という立場上その地位は高いし、御相伴衆の山名・一色両氏らも同様である〔二木謙一「室町幕府御相伴衆」同『中世武家儀礼の研究』吉川弘文館、一九八五年、初出一九七九年〕。

こうした人々と比べると、今川氏は室町期、足利一門の中では必ずしも高い地位にあったわけではなかった、ということになるであろう。

ところが、ここに面白い史料がある。東北の地で戦国期（永正十一年・一五一四、その原型部分は文明年間〈一四六九〜一四八七〉前半頃）に成立したといわれる『奥州余目記録』である〔伊藤信「留守家旧記の成立をめぐって」『歴史』五九、一九八二年〕。そこには、「御一家三人、吉良殿・吉見殿・今河殿」とあるのである〔拙稿「足利一門再考」〕。この前には「京都十三人大名」として「武衛・山名・畠山・細川・一色・赤松・六角・京極・土岐・武田・小笠原・大内・上杉・伊勢守」、「大名と奉行之間、奉行人数」として「布施下野守・飯尾肥前守・松田丹後守・済藤」がそれぞれ記されており〔『仙台市史』資料編一古代中世〕、ここからして「御一家三人」とは、足利御三家のことと考えられる。

すでに述べたように、足利御三家とは、一貫して吉良・石橋・渋川の三氏のみのことを指す。だが、戦国期の奥羽では、吉良・吉見・今川の三氏が足利御三家だと「誤認」されていたのである。要するに、戦国期の奥羽においては、今川氏が足利一門の中でも高い地位にあったと思われていたのである（なお、吉見氏は「源為義―義朝流」として足利一門化した特別枠的な存在）。

では、単なる足利一門に過ぎなかった今川氏が、戦国期に東北で高貴な存在と認識されるに至った事情は奈辺にあったのだろうか。

この問題を探る上で注目されるのが、今川氏のもう一つのアイデンティティーである「吉良一門」という言葉である。今川氏は戦国期の幕府のメンバーリスト『文安年中御番帳』には「吉良殿御一家」と見え、また、自家でも自らのことを吉良から分派した一族だと認識し〔京都大学附属図書館所蔵谷村文庫本『難太平記』〕、戦国期には吉良氏家督の継承を主張したり、現実にそれを実行したりと〔拙稿「足利氏御一家考」〕、戦国期の今川氏は、吉良一門としての姿が目に付くようになってくる。

吉良氏とは、足利御三家の筆頭、換言すれば、足利氏に次ぐ地位にある超名門家であり〔拙稿「足利氏御一家考」〕、南九州の武士ですらも、吉良氏のことは、足利一門の代表であり、「大名もはゝかり而、近習も恐をなし申候」と記すほど、その名声は全国に響きわたっていた〔拙稿「中世における吉良氏と高氏」『新編西尾市史研究』二、二〇一六年〕。そのような吉良氏の一族（吉良一門）であるというステータスを、今川氏は持っていたのであり、吉良一門として今川氏の像が、戦国期に散見されるのである。

足利一門といっても数多存在する以上、足利一門であることを唱えるだけでは今川氏は単なる足利一門に埋没してしまう。しかし、今川氏には吉良一門という切り札があった。これは他の足利一門にはない、今川氏だけの専売特許（将軍に接近する「特急券」）であった。足利氏に准ずる超名門家・吉良氏の一族であると主張することで、今川氏もまたそれに連なる（場合によっては吉良氏の立場を継承しうる）尊貴な存在だと認識される。「御所絶は吉良継、吉良絶は今川継」「室町殿の御子孫たへなは吉良につかせ、吉良もたへは今川につかせよ」〔『今川記』〕や「公方たへば吉良つぐ、吉良たへば今川つぐ」「今川きらにへあがり、きら殿公方にへあがる」〔『甲陽軍鑑』〕などといった言葉、そして、先述した戦国期東北の『奥州余目記録』の記述は、そのような主張の反映と解されよう。

では、戦国期、今川氏はなぜこうした主張を展開したのだろうか。そこで、当該期の状況を振り返ってみると、今川氏は遠江の奪還を目指して、浜松領主としての吉良氏も巻き込みつつ、遠江守護の斯波氏と激突していたことに気付く〔拙稿「戦国期における三河吉良氏の動向」『戦国史研究』六六、二〇一三年〕。つまり、戦国期今川氏の当面の敵は、斯波氏であった。斯波氏とは、すでに述べたように、管領の筆頭にして、吉良氏ら足利御三家に比肩しうるほどの名門家である。そのような斯波氏に立ち向かうこととなった今川氏が、軍事面のみならず、家の由緒でも対抗しようとしたとは、容易に想定されるところであろう。

かくして、今川氏による「吉良一門」由緒は前面に押し出されてきたのではないだろうか。この点、今川氏による「副将軍」主張〔今川氏輝七年忌香語「国立公文書館所蔵明叔録」『戦国遺文』今川氏編四、二七〇三号〕なども同一線上の動き（同氏の家格向上運動の一環）であろう〔なお、斯波氏が「副将軍」とされたことは、拙稿「戦国期斯波氏の基礎的考察」参照〕。

以上のように、今川氏には「足利一門」「吉良一門」と二つのアイデンティティーが見受けられたが、戦国期には「吉良一門」であるとの主張が顕在化してくる。斯波氏と対立していた今川氏は、事態をより有利に進めるための家格上昇運動に「吉良一門」を打ち出したといえるのではないだろうか。

〔付記〕　本稿は平成二十八年度科学研究費補助金（特別研究員奨励費）の研究成果の一部である。

永正五年（一五〇八）

氏親、京都との音信を図る

前年くらいから氏親は京都との音信を図り始め、正月二十六日に正親町三条実望が、氏親による礼金三枚と年貢一万疋の進上を伝え、駿河下向の準備をしている［静岡7四六六・四六七］。六月二十八日には宗長が三条西実隆宅を訪問し、氏親から便りがあったことを伝え［静岡7四七二］、七月六日になると、実隆のもとに氏親から金二〇〇〇疋が届けられている［静岡7四七四］。八月四日には、実隆が後柏原《ごかしわら》天皇から授かった八朔《はっさく》の還礼物を、氏親に遣わすために宗長の使者に渡している［静岡7四七九］。

氏親、遠江守護職を斯波氏から奪還

七月、明応二年以来、足利義澄に将軍職を奪われていた義尹《よしただ》が復帰したため、氏親は将軍職回復の祝儀として太刀一腰と銭二〇〇〇疋、および遠江守護職拝領の礼物一万疋を送った。それを受けて義尹は、十三日に礼を述べている［戦今二一四・二一五］。つまり、この段階で氏親は念願の遠江守護の地位を、斯波氏からようやく奪還したのである。

今川勢、三州岩津城での合戦に敗北

十月十八日、氏親は駿州長楽寺《ちょうらくじ》（藤枝市）に制札を下した［戦今二一八］。制札の内容は、通常の生活を保護するために近いが、その翌日、三河で合戦があった。このときの今川勢の対戦相手は安城松平《あんじょうまつだいら》信忠《のぶただ》およびその一門の岩津《いわづ》氏（岩津城・岡崎市）であった。前々年に今橋を押さえて明眼寺に禁制を発した今川氏ではあったが、その後、西三河へはあまり深入りしていなかった

氏親、三河出陣の意思表明

らしい。しかしこのとき、宗瑞は小勢ながら巨海越中守の合力を得て岩津氏と争ったところ、信忠が岩津氏に加勢したことから、結局敗北した〔戦今二二〇・二二一・静岡7四八七・四八八〕。この今川勢の敗北は京都にも届いており、三条西実隆の日記にも残されている。

永正六年（一五〇九）

この年、氏親は三河へ出陣する意志を表明している。これは従来、別の年代に比定されていたが、関連文書を整理して明らかになることである。

三月九日、信濃松尾の小笠原定基に対して宗瑞が改年の挨拶とともに、定基の合戦状況をうかがっている〔戦今一六九〕。本文書は年欠だが、定基が三月前後に軍事行動を示す、あるいは示そうとしているのは永正六年〔信濃史料10〕だけである。

この宗瑞文書の日付に近い文書が三月十日付で存在する。それは氏親の文書で、宗瑞と同じく信濃の小笠原定基に対して発せられている〔戦今一七〇〕。そこには、かつて合力していた三河の戸田弾正兄弟が今川氏に反発し、「近日、敵同意せしめ」た状況であるので、「一行《ひとてだて》をなすべき所存」であると記されている。本文書は無年号だが、この文書の類似花押は永正五年～八年の間に限られており、そのうち同五年十月十八日付長楽寺宛の文書〔戦今二一八〕、および年欠十一月十六日付伊達《だて》蔵人丞《くろうどのじょう》（忠宗《ただむね》カ）に宛てた文書〔戦今二二二〕の花押とほぼ同形である。伊達宛の

宗瑞、相模国へ乱入。宗瑞の自立

文書は永正五年であることは間違いないので、永正五年もしくは六年の三月と想定される。宗瑞文書と併せて考えると、氏親文書も永正六年に比定するのが妥当であろう。

ちなみに、氏親文書には瀬名一秀を取次にするという文言にあわせ、同月二十三日付の副状《そえじょう》自体も存在している〔戦今一七二〕。そのため、一秀の副状も永正六年の文書と考えられる。宗瑞とともに一秀は定基との連絡を密にしていたようで、同三年の三河侵攻以来の状況を改めて伝え、二俣城（天竜市）取立《とりたて》の相談もしていた〔戦今一六九・一七一～一七三〕。宗瑞と一秀は、氏親の取次として信濃小笠原氏との外交交渉を行っていたのである。

六月十三日、氏親は池田宿（磐田市）における軍兵の濫妨狼藉を禁じた禁制を下している〔戦今二二六〕。戸田氏と連携するおそれのある遠江勢が存在し、国内がやや不安定になり始めたのかもしれない。

ところが八月十四日になると、宗瑞は扇谷上杉領内の相模国に乱入した〔小田原Ⅰ三二九〕。扇谷上杉氏と宗瑞は長年連携していたので、扇谷上杉氏からすれば裏切りだった。この宗瑞の相模乱入は、氏親が共同していないこともあって、彼が独自路線を歩み始めたと解釈されている。「宗瑞の自立」として評価されよう。

この後、九月六日と二十六日に、氏親は駿州宝樹院（静岡市）の寺領を安堵している〔戦今二二七・二二八〕。

二俣城跡遠景

なお二月四日に後柏原天皇が、自ら認めた『源氏物語』の詞書の一巻を今川氏親に遣わすよう三条西実隆に話をしている〔静岡7四九五〕。実隆のもとには十一月五日と十日にも、氏親から書状と黄金が届いている〔静岡7五〇一・五〇二〕。

永正七年（一五一〇）

三月二十日、今川氏の被官の本間宗季は、遠州座王《ざおう》城や天方《あまがた》城（森町）・馬伏塚《まむしづか》（袋井市）での合戦、あるいは永正元年の武州立河原、同三年の三河での今橋城攻めなどにおける戦功を記した軍忠状を氏親に提出した〔戦今二三二〕。遠江国の不穏な状況を示しているのか、四月四日の夜分には、二俣の領域下にある小俣《おまた》形丸百姓らが「敵」の襲来を伝えてきた。二俣城の軍事指揮を担っていた「某」がその情報提供の功績を賞している〔戦今二三三〕。

十月一日、今川氏の被官の福嶋範為《のりため》が、堀江城に入った大沢氏の被官とされる中安某に対し、遠州引間《ひくま》（浜松市）へ出陣しようとしたが、打ち続く雨天のため天龍川を超えられないこと、村櫛《くし》城（浜松市）の兵粮に関しても中安に連絡したことなどを伝えた〔戦今二三五〕。

また十一月一日には、懸川城主朝比奈泰凞が大沢氏と小笠原右京進に、氏親が出馬して藤枝（藤枝市）に着陣し、翌日懸河《かけがわ》に到着することを知らせている〔戦今二三六〕。さらに泰凞は大沢氏に、二十五日に天龍川を越えて二十六日に引間に着陣する予定とも連絡している〔戦今二三七〕。前年、

今川勢、三河に侵攻

氏親は三河侵攻の意向を文書で伝えていたものの、実際に西進していたのかわからなかった。しかしこの二通の文書から、本格的な三河への行軍が始まったことがわかる。

十月・十一月に引間へ氏親が出張った際の相手は、引間の代官を更迭されていた大河内氏で、彼の背後には斯波氏がいた。引間代官には三河吉良氏から飯尾《いのお》氏に決まっていたので、今川・飯尾対斯波・大河内という構図になっていた。

ところで、この泰凞の書状には「三河衆が何万騎やって来ようとも」と記されているように、三河勢が敵兵として想定されていた「戦今二三六」。これは吉良氏、もしくは吉良氏を奉戴する松平氏が今川氏と対峙する可能性があったことを示している。しかし、実際のところ吉良氏は静観しており、松平氏も動かなかったと思われる。

斯波氏、今川に押され引佐花平に陣を移す

その延長線上と思われるが、十二月二十八日に今川氏の被官伊達忠宗は、斯波氏の「まきの寺」の陣所（遠江国内と思われる。比定地未詳）に放火した。そのため斯波勢は花平《はなだいら》（引佐町）に移ることになった「戦今二五五」。

なお二月十八日には、内容は不明ながらも三条西実隆が氏親に返書を遣わしていた「静岡7五〇八」。

永正八年（一五一一）

今川勢、斯波氏・井伊次郎・引間衆大沢氏を攻撃

井伊次郎を駆逐。直平が今川に属す

前年から勃発した遠江守護斯波氏および同国の在地勢力と今川氏との対立は、依然として続いていた。正月五日には、斯波氏の花平の陣所・番所・台所に伊達忠宗が火を付け、二月二十日の未明には斯波義寛の弟義延《よしのぶ》や義延被官の陣所の一部、さらに同日夜十時前後に井伊谷《いいのや》の深嶽城（引佐町）に入った井伊次郎（戦今では「直親」とするも誤り）の陣所や番所を、忍びを使って放火した。また、三月九日には斯波氏の被官太田左馬助の陣所を攻撃している〔戦今二五五〕。

伊達忠宗は当時、刑部城（細江町）に籠もっていたのであろう。二月・七月に一回ずつ、十月には四回、十一月には三回、十二月に一回、大河内氏が率いる「引間衆」が同城を攻撃している。この間、大河内氏と行動を共にしたのは「武衛」＝斯波義寛と井伊次郎であった。

井伊次郎は今川氏によって駆逐されたと思われるが、今川氏に靡《なび》いたのが井伊直平《なおひら》であった。直平は、今川氏が斯波氏らの勢力と対立している最中の十一月十三日、祝田《ほうだ》助四郎への下地《したじ》の給付を「祝田禰宜」に伝えている〔戦今二四五〕。祝田禰宜は蜂前《はちさき》神社（細江町）の神官で、井伊谷を治めていた井伊氏が、後々当主として文書を発給し続けていることから、この時点で直平が井伊氏の当主となったと考えることができる。

九月二十一日、氏親が遠州大洞院《だいとういん》に禁制を発している〔戦今二四二〕。斯波氏に備えるために今川勢が寺領に踏み込んでくることを懸念した大洞院は、氏親に今川軍の将兵の濫妨狼藉を止めるための禁制を要請したのである。

氏親、将軍の御内書を受ける

ところで十一月段階で、福嶋範為が幕府の奉行人飯尾貞運《さだかず》と、主に遠州羽鳥荘の年貢に関して文書のやり取りを行っている〔戦今二四二〜二四四・二四六〜二四九〕。四月三日には関係文書が確認できるが〔戦今二三九〕、そこには相阿《そうあ》・宗長・晨参を介して羽鳥荘の年貢を黄金で納めるといったことなども記されている。ほかにも宗瑞と扇谷上杉朝良との和睦や、斯波義達の遠江国出陣のために進上する馬を甲斐・信濃・三河・尾張国智多経由で上らせたこと、なども書かれている。

幕府と今川氏の関係は依然として続いており、十二月末には足利義尹が年始の進物を氏親から受け取り、それに対する謝礼の御内書が発給されている〔戦今二五〇・二五一〕。

なお、前年末に朝比奈泰凞が没したため、正月二十一日に宗長は泰凞の三七日忌として和歌を詠んだ〔静岡7五三二・五三三〕。この頃、懸川城主が泰凞から泰能《やすよし》に移ったことになろう。

また四月二十九日には冷泉為和《れいぜいためかず》が、氏親の所望する『小野宮殿集《おののみやどのしゅう》』を書写して送っている〔戦今二四〇〕。六月二十日、三条西実隆は駿河滞在中の正親町三条実望に書状を遣わし、駿河国内の正親町家の家領について氏親に話を持ち出したと思われる〔戦今二四二〕。「家領」に関する内容なので、年貢等が滞っている状況を打開したかったのかもしれない。

永正九年（一五一二）

今川・斯波、一時休戦

刑部城跡遠景

斯波氏との攻防において、伊達忠宗はかなり防戦に徹底していた。正月には斯波勢が刑部城に攻めかけ、気賀《けが》（細江町）で収穫前の麦を刈り払うなどの押妨を働いている。四月には斯波・大河内・井伊の連合軍一五〇〇人ほどが三組に分かれ、堀川（細江町）へ攻め込んだため、忠宗は刑部城から出兵して防ぎ、斯波・井伊勢による下気賀での麦の刈り払いや苗代の踏み捨ても防いでいる。

閏四月二日、村櫛城や新津城（浜松市）へ斯波勢等が攻め込んだときには、忠宗は村櫛へ船で駆けつけ、その翌日には井伊谷に出張って敵勢三人を生け捕りにした。その後、ようやく斯波氏は原河《はらかわ》（掛川市）に御座を移し、一時休戦状態に入った［以上、戦今二五五］。

前年から続く羽鳥荘の年貢に関する福嶋範為と飯尾貞運との書状のやり取りにおいて、黄金で進上することが前年に決まっていたが、その後進上がなかったらしく、本年の十月になってようやく黄金一〇両が進上されている［戦今二五九～二六二］。

これに対して足利義尹は、十二月三日に氏親から年始進物として太刀一腰と黄金一〇両を受け取ったとして、その謝礼の御内書を発している［戦今二六四］。義尹は、羽鳥荘からの年貢の一〇両と年始の進物を混同してしまったようにも見える。

ちなみにこの義尹の御内書は、宛名が「今川治部大輔」となっているが、今川家といえば治部大輔を継承していく家であるという認識が浸透していたと判断される。そのため、この御内

三岳山頂の眺望

氏親、斯波氏を遠州から一掃する

書での「治部大輔」も氏親に比定して問題ない。

なおこの年、三月二十四日に氏親が駿州沼津道場に棟別を免除したり、八月一日に遠州垂木《たるき》郷（掛川市）における上下之宮の社領を安堵している〔戦今二五四・二五七〕。特に垂木郷宛の文書の印章は、他の氏親の朱印よりもやや小さい。影写の際の誤差とも考えられるが、同文書群の中世文書は、残り二点〔戦今二五三〇・二七二四〕がともに写で、文言等に疑問が残る。本文書は内容的に問題ないとはいえ、注意深く検討していく必要がある。

永正十年（一五一三）

永正七年から始まった斯波氏との戦いは、ようやく終息に向かった。三月二十八日、氏親は再三にわたって吉良義信《よしのぶ》に、かつて斯波氏が遠江守護であった際の浜松荘奉行であった大河内備中守による今川氏への敵対行動の停止を要請していた。備中守は、文亀年間から今川氏に敵対していたが、どうやら吉良氏がそれを抑圧しきれなかったために、一部の土地を今川氏に没収（押領に近いヵ）されたらしい。義信は、今川・斯波両氏の対立が終結する段階になってようやく自身の家臣荒河播磨入道を現地に派遣した。それを受けて氏親は、一時収公していた吉良氏の土地の成敗権を吉良氏に委ねることにしたという〔戦今二六八三〕。

同じく三月には氏親が遠州深嶽城で斯波義達と戦い、勝利を決定付け〔静岡7五八二～五八四〕、

氏輝誕生。冷泉為広、駿河下向

柴屋寺庭園

四月十七日には前尾張守護斯波義寛も死没したため、今川氏は斯波氏の勢力を遠江から一掃することに成功したのである［愛知10七九五］。

八月二十八日、氏親は、遠州下平河（掛川市）・鎌田御厨《かまたのみくりや》（磐田市）領家分を松井宗能《むねよし》に与えた［戦今二六八・二六九］。鎌田御厨は、宗能の父の忠節で宛行われており、宗能が父と同じ「山城守」をこの段階で称しているため、先代の山城守はこの対斯波戦で没した可能性が高い。

この年、嫡子氏輝《うじてる》が誕生。四月十八日以降には冷泉為広《ためひろ》が駿河へ下向して滞在している［為広駿州下向記］。

永正十一年（一五一四）

五月十三日、宗長が駿州浅間新宮に参籠し、七日間かけて今川氏親のために和歌千句を詠んだ［静岡7六〇四］。氏親が厄年の四二歳だから、というのである。氏親の生年は先述の通り、文明三年もしくは同五年とされるが、これによって文明五年生れとするのが妥当と言える。

八月上旬、冷泉為広が去年（永正十年）の八月二十六日に氏親と一緒に浅間大菩薩の法楽《ほうらく》として作成した千句をまとめた［戦今二七二］。また十二月二十六日には、正親町三条実望《さねもち》が今川氏親の使者とともに、駿河国から上洛している［静岡7六一一］。

八月十八日、氏親は長谷寺に対して禁制を下している［戦今二七三］が、内容としては寺内での

駿河国内の安定。被官に遠江の領地を与える

今川文化の開花

甲斐の武田信虎と大井信達の合戦

氏親、大井氏支援のため甲斐へ出陣

禁止事項を掲げているのみであり、駿河国内は安定していたと思われる。同月中には興津久《ひさ》信《のぶ》・二俣長富《ながとみ》・富塚久行《ひさゆき》らが大檀那となって、遠江国の六所大明神（掛川市）の鐘を鋳造している［戦今二七四］が、今川氏の被官が遠江国内に領地を得て、その勢力が浸透し始めたと考えられる。

今川領域の世情も落ち着き始め、この年以降「今川文化」が花開き始める。

永正十二年（一五一五）

六月二十六日に氏親は、駿州北山《きたやま》本門寺《ほんもんじ》（富士宮市）の日国上人《にっこくしょうにん》に、日蓮《にちれん》正嫡と「本門寺」の寺号の相承を認め［戦今二八〇］、八月二十八日には駿州久能寺《くのうじ》（静岡市）に、同国蛇塚《へびづか》村（清水市）を安堵している［戦今二九四］。

文化的にも五月二十七日に氏親が飛鳥井《あすかい》雅俊《まさとし》から蹴鞠《けまり》の印可《いんか》を受け［戦今二七九］、八月三日には『続五明題和歌集』をまとめ、その序文を認めている［戦今二八二］。十月五日には三条西実隆が今川氏親の百首の添削を行っている［静岡7六二二］。

ところが十月になると状況が変わってきた。十七日に甲斐の武田信虎《のぶとら》が甲斐国西郡の大井信《のぶ》達《さと》の居城上野城（櫛形町カ）を包囲し、両者間で合戦を始めた。結局、信虎勢が敗れた［勝山記・一蓮寺過去帳］が、氏親は大井氏を支持していた。このとき氏親は、駿河国から甲斐国への通行を

止め、さらに軍勢を甲斐国に向けて発している〔静岡7六二三・六二六〕。

永正十三年（一五一六）

今川勢、甲斐勝山に籠もる

信虎と大井信達との争いは未だに決着しておらず、九月二十八日には駿河の軍勢が甲斐に入り、八幡山や松本・七覚《しちかく》を焼き、勝山（勝山村）に城を築いて栖籠もっている〔静岡7六三六〜六三九〕。

翌月になると、三遠国境付近で何らかの軍事行動が発生したのか、十月十六日に氏親が遠州鴨江寺《かもえじ》（浜松市）に禁制を下している。また、十二月三日には今川氏の被官と思われる中山生心が、遠州本興寺に古見方山を安堵している〔戦今二九七・二九八〕。なお、五月に三条西実隆が大河内躬恒《おほしこうちのみつね》の歌集を今川氏親に遣わしている〔静岡7六三〇〕。

永正十四年（一五一七）

今川勢、甲斐吉田で信虎と合戦

一昨年から始まった甲州での合戦は継続しており、正月十二日以前には駿河勢が甲斐国吉田城（富士吉田市）で信虎方と合戦し、その日の夜に城を退却している〔静岡7六四二〕。こうした甲斐の合戦後の文書と思しき後藤弥九郎宛の氏親安堵状がある〔戦今二九九〕。後藤善右衛門尉の跡職を安堵しているが、これは写の可能性もある。

正月二十三日、氏親は宗長に甲斐国との折衝を依頼したため、宗長は「氏親の命に背くこと

今川勢、甲斐勝山から撤退

今川勢、引間に篭る斯波義達と合戦

義達を尾張へ送り返す

ができず」この日、駿府を出発した。宗長の交渉相手となった甲斐の国人は穴山氏の可能性が高いが、三月二日になって駿河勢は甲斐国勝山城から撤退した〔静岡7六四四・六四九〕。

二月十六日、またもや三遠国境付近で不穏な動きがあったようで、中山生心が遠州本興寺に、家来の濫妨を禁じた制札を発給した〔戦今三〇〇〕。十八日には、氏親が北遠江の奥山良茂《よししげ》に、「山中での忠節」で遠州野部《のべ》郷（豊岡村）を与えている〔戦今三〇一〕。今度の合戦相手も、斯波義達・大河内氏であった〔静岡7六五三〜六五八〕。

斯波氏等は、今川氏が三月まで甲斐に進攻している状況を見て蜂起したのだろう。四月に引《ひく》間《ま》へ楯籠もった彼らとは、「去年の冬から今年の夏まで」戦闘があったとあるので、何度か矢を合わせていたようだ。前年の鴨江寺宛の禁制は、この戦いの前哨戦で下されたと考えられる。六月十八日には今川軍が舟橋を用いて天龍川を越え、二十一日に引間城を攻撃した。そのとき安倍山の金堀衆《かなほりしゅう》を用いて引間城の井戸の水を抜き、八月十九日に引間城を落とした。斯波義達は城の近くの普済寺《ふさいじ》（浜松市）に入り、供の者ともども出家し、尾張へ送り返された。大河内氏や巨海氏・高橋氏らは討死、あるいは生け捕られるなど、今川氏の勝利で決着した。そして九月七日に氏親は帰国し、十月十八日に鴨江寺に対して、寺領安堵が発せられた〔戦今三〇五・静岡7六六二〕。

この間「山中大滝」で合戦があり、天野宮内右衛門尉・同与四郎・同小四郎虎景が氏親から

普済寺山門

感状を受けた［戦今四〇九・四一〇］とされる場合もある。これは、先述した奥山良茂宛の奥山での忠節［戦今三〇一］と関連すると判断してのことと思われる。しかし、宮内右衛門尉宛の文書の花押は永正十四年のものではなく、間違いなく永正末〜大永期のそれであるため、天野氏がこのとき今川氏に与したかどうかは不明とすべきである。

この年、氏親は、寿桂尼の実家である中御門《なかみかど》家と、何度となく連絡を取り合っていたようだ。五月十五日には中御門宣胤《のぶたね》が、駿河へ下向予定の宇野藤五郎に、氏親らへの進物を渡しているし、さらに十月二十九日には宣胤が氏親からの書状を受け取っている。また閏十月八日にも、宣胤は氏親への書状を慶蔵主《けいぞうす》に託している［静岡7六五一・六六九・六七〇］。

なお、氏親は五月二十八日に駿州有度《うど》八幡宮（静岡市）の社殿を再興している［戦今三〇三］。

永正十五年（一五一八）

駿河国衆が三州渥美郡に乱入

正月晦日以前、駿河国衆が三州渥美郡に侵入し、同国長興寺《ちょうこうじ》（田原市）に被害が出た。この文書は、戸田弾正忠憲光《のりみつ》の子政光《まさみつ》が長興寺に宛てて発給したもので、駿河衆の乱入に政光が詫びを入れ、先例通り寺領は決して侵さず、等閑にしないことを改めて認めている［戦今三一二］。本文書で政光が駿河衆＝今川氏の乱入について長興寺に詫びを入れているということは、永正六年段階で戸田憲光と今川氏は対立状況になったものの、その後両者間に大きな問題も表面化せず、断絶状態とはならなかったことを示している。戸田氏は三河国衆のため、今川氏と不可侵の同盟を締結していたのではなかろうか。

この駿河国衆による長興寺への乱入は、三遠国境の舟形山《ふなかたやま》に入城していた今川勢に対し、戸田憲光や諏訪信濃守らが牢人を集めて舟形山を落としたため、今川氏が加勢して惹き起こされたようである［静岡7六七五］。守備兵の多米《ため》又三郎は討死し、城は一時戸田氏のものとなったが、すぐに今川氏の被官朝比奈泰以《やすもち》が浜名湖を渡り、奪取した。永正初期に氏親が三河に侵攻して以降、おそらく舟形山は三遠国境の最前線として、今川氏にとって重要な城砦であったと判断される。憲光がこのとき、なぜ舟形山を攻撃したのか不明であるが、永正六年における対立状況が火種として残り、父憲光が反今川、子の政光が親今川となって戸田家中が二分していたのかもしれない。

その一方で、五月に駿河国と甲斐国都留《つる》郡が和睦した［静岡7六八五］。都留郡とあるため郡内小山田《おやまだ》氏との和睦ということである。前年の今川軍の撤退後、特に小競り合いなどもなかったと思われるため、今川・武田間の和平において、小山田氏も含めて和睦したということであろうか。今川氏から出向いた講和の使者は、長池親能《ながいけちかよし》と福嶋道宗《どうそう》入道であった［勝山記］。

国内では三月九日に、遠州般若寺《はんにゃじ》（相良町）の寺社領本増分を安堵するとともに、諸役を免許し、さらに十月九日には、駿州満願寺《まんがんじ》（静岡市）の栄午《ようご》に寺領を安堵した［戦今三一一・三一九］。般

懸川朝比奈氏、今川氏一門となる

若寺宛の文書には「本増分とも寄進」させるという表現や、「庄内検地」という文言がある。検地の実施を明示しており、検地そのものはこれ以前から実施されていたことを伝えている。

前年以来、氏親は中御門家と親交を深めているが、それは同宣胤の孫娘と朝比奈泰能との婚礼を控えていたためであった。二月十二日には宣胤が氏親からの進物を受け取っているが、四月二十九日には遠江に向けて孫娘が京都を発っている〔静岡7六八〇・六八四〕。彼女は七月八日に懸川に到着したようで〔静岡7六八九〕、以降、懸川朝比奈氏は今川氏の一門となった。

中御門家との交流はその後も宣胤が日記に記しており、八月六日に『太平記』の抜書を宣胤から贈られた氏親が礼を述べたり、氏親から進物を送られたりしている〔戦今三一五・三一六・静岡7六九八〕。十二月二十二日には、氏親の使者が宣胤のもとを訪れている〔静岡7七〇八〕。このほか京都の公家たちとの交流も文書で確認でき、八月十日には、詠歌に対する三条西実隆の添削に関して氏親が礼を述べている〔戦今三一七〕。

永正十六年（一五一九）

この年は安定していたらしい。正月十一日、氏親は遠州大山寺《だいせんじ》理養坊《りようぼう》（浜松市）に、寺領として田地三町四反と山林を安堵した〔戦今三二三〕。八月八日には、駿州妙海寺《みょうかいじ》の諸公事・陣僧役・飛脚・棟別などの諸役を免除している〔戦今三二四〕。後者については、宗瑞が同年八月十五日に没する七日前であり、「韮山殿（宗瑞）の御判の如く」免除された。

京都との外交では、氏親の使者が、正月二十一日と十月二日に中御門宣胤のもとを訪れ、特に十月には氏親からの贈答品が渡されている［静岡7七一三・七三二］。このほか書状のやり取りも時折あって［静岡7七二一・七二三］、十一月二日には、宣胤から氏親への進物が使者を通じて渡されることになっていた［静岡7七三四］。

さらに十一月三日には足利義稙《よしたね》から、氏親に対して、鹿毛と鹿毛駮の貢馬二匹、太刀一腰と黄金一〇両の礼を述べた御内書が発せられた［戦今三三五・三三六］。

この年、今川義元《よしもと》が誕生した。

永正十七年（一五二〇）

京都で細川政元が没した後、彼の養子となっていた三人による家督継承争いが勃発した。その中で、前年に阿波へ移っていた細川澄元《すみもと》が挙兵し、摂津へ上陸した。当初、足利義稙は政元の別の養子である高国《たかくに》と行動をともにしていたが、この頃には険悪となっていて、澄元に呼応した。氏親は細川澄元の摂津国への出陣を聞いて飛脚を立てたらしく、正月十三日に足利義稙から褒賞の御内書を受け取っている［戦今三四一］。

三月十四日、氏親は、伊豆国那賀《なか》郷（松崎町）の三島大権現大禰宜職を金差《かねさし》大炊助に安堵して

玖延寺本堂

いる［戦今三四三］。原本所在が不明で、今川領国でもない当該地に氏親の文書が発せられるのは不自然であり、疑問の余地が残されるように思われるが、花押等に大きな違和感はない。今後も注意深く検討する必要がある。

八月六日、矢部信定《のぶさだ》・栗林元重《もとしげ》・福嶋春久《はるひさ》が、遠州高松社の神田を検田し、下地を神主に宛てて注進している［戦今三五〇］。十二月二十七日には、氏親が松井宗能に対して遠州拝淵（大井川町）内の領家方で、本年に改めた新田を新給恩として宛行っている［戦今三五二］。

永正十八年・大永元年（八月二十三日改元　一五二一）

正月二十八日、氏親は遠州玖延寺《きゅうえんじ》（天竜市）に禁制を発し、さらに駿州富士下方久迩《くに》郷の泰得寺《たいとくじ》領内の惣山を、渡辺春徳に給恩として与えている［戦今三五五・三五七］。八月十一日には駿州葉梨《はなし》郷（藤枝市）の安養寺《あんようじ》領の田畠を玄興《げんこう》に与えているが、ほぼ同文で宛名を「建興《けんこう》」とする文書が岐阜県禅昌寺《ぜんしょうじ》に残されている［戦今三五九・三六〇］。

五月四日には、氏親が駿河国の村岡氏に対して、井河河堰《いかわかわせき》の草の下刈を認めている［戦今三五六］。本文書は金山関係の文書で、鉱脈のある金山を源流として流れ下る井河では、砂金粒が下流の下草に付着する。「河堰の草の下刈」とは、当時の採金方法の一つであった。下草付着の砂金粒を採集していたことがわかる、貴重な文書である。

今川勢、甲斐河内で信虎と合戦

今川勢、甲斐上条河原で信虎軍に敗北

なお正月十二日、遠州祝田禰宜に対して氏親らしき人物が社領を安堵している［戦今三五四］。文書の「十八年」の「八」の上に「十」を書き加え、「六」としている。内容的には永正四年の井伊直平の文書＝寄進状［戦今一八九］と関連があると想定される。

二月二十七日、駿河勢が甲斐国河内（現在の西八代郡と南巨摩郡の一帯）に侵攻し、武田信虎軍と合戦している［静岡7七六五］。七月十五日には、永正十五年に甲斐国と和睦した際に人質として提出されていた可能性の高い武田八郎が、信虎の命令で駿河国から帰国している［静岡7七七五］。八郎の実名は不明だが、武田信縄の妻で、穴山信懸の弟妹にあたる娘の子と考えられている。

十一月十日、甲斐国勝山に再び入城した今川軍は、二十三日に信虎軍と同国上条河原《かみじょうがわら》（敷島町）で合戦し、駿河勢は六〇〇人とも四〇〇〇人ともいわれる被害を出して敗走した［静岡7七八二〜七八六］。

こうして見ると、八郎が帰されたのは、両者が手切れとなったためと理解できる。二月の段階では戦闘が大規模化するかはまだはっきりしておらず、七月までの期間において両者の間に埋めることのできない溝が生じ、八郎が帰国することになったと捉えられよう。

大永二年（一五二二）

前年の信虎との戦いで今川勢が敗走したあとも、甲斐の富田城《とだ》（甲西町戸田）には今川軍の兵が三〇〇〇人余り残っていたらしい。遊行上人《ゆぎょうしょうにん》二十四世他阿《たあ》が彼らの帰国を調停することとなり、その成功を願って正月二日に歌を詠んだ。十四日、他阿のとりなしで残兵は帰国することが許された［静岡7七八八～七九〇］。武田家臣の河村縄興《つなおき》と秋山昌満《まさみつ》は、伊勢御師の幸福大夫《こうふくだゆう》宛の書状で、駿河衆＝福嶋衆を打ち破り、いまは平穏になったと喧伝している［戦今三六五・三六六］。三月十九日には氏親が駿州北山本門寺に、諸役を免除している［戦今三六七］が、これがその戦闘状況に関連するのかは不明である。

今川氏、三河方面へ出陣

ところで五月以降、連歌師宗長が駿河から上洛する際、三河を通過している［宗長手記］。そのおりに合戦の場に遭遇したという記載はないから、遠三国境付近は比較的平穏と思われていたが、五月二日、氏親が遠州鷲津《わしづ》法華堂＝本興寺に禁制を発している［戦今三六九］。この春から夏にかけて、今川氏が「三河方面へ出陣」しており［戦今二六八六］、この禁制が関わっていると思われる。宗長は、浜名（三ヶ日町）から本坂峠《ほんざかとうげ》（同）―勝山（豊川市）―八幡（同）、その後三河湾を渡って刈谷《かりや》へ向かっているため、八幡以西の東海道上で合戦が起きたのかもしれない。

大永三年（一五二三）

十一月二十一日、今川氏の被官である由比光規《ゆいみつのり》が、駿遠両国に散在している自身の所領を子息寅寿丸光澄《とらじゅまるみつずみ》に譲った。あわせて十二月二十四日に由比氏の一族衆が、今川氏の歴代から受給

氏親、重篤な病いに罹る

氏輝、連歌師宗長と対面

した判物《はんもつ》の目録を作成している〔戦今三七二・三七四〕。また十二月十九日になると、氏親は馬淵弥次郎が出家して本知行を売ってしまった跡職を、稲川大夫の息男の松千代に与えている〔戦今三七三〕。

この年に発給された氏親の文書は松千代宛の文書だけで、しかも官途＋花押で署判を加えているのは本文書が終見である。この時期に、なぜ由比氏が今川氏歴代の判物目録のような文書を作成したのか不明である。ただ氏親が病気がちで、翌年以降は法名＋印章の文書を発することを考慮すると、氏親はこの年、重篤な病理に罹ったのでなかろうか。そのためこの年以降、今川氏は他国との交渉を閉ざし、軍事行動も起こさなくなる。『今川仮名目録』が「若い氏輝《うじてる》のために作成された」という背景や、この時期以降に家臣らの奉書が散見されることを考慮すると、当主氏親の一元的な支配から、徐々に奉行らによる政権運営に移行し始めたのかもしれない。

大永四年（一五二四）

二年前に上洛していた宗長が、駿河に帰国した。六月十六日には府中に帰ってきて同月中に今川氏輝と対面した〔静岡7八三八〕。文化面ではあるが、氏輝が表舞台に登場してきたようで、宗長はこのとき、氏親のために眼病の薬も渡したらしい。なお十一月二十日になると、寿桂尼は三条西実隆に、『源氏物語』の外題《げだい》を書いてもらうよう要請している〔静岡7八五二〕。八月二十六日、今川氏が遠州宇刈郷《うがり》（袋井市）の検地を強行するよう尾上正為《おのえまさため》に命じた〔戦今三七八〕。九月二十日には、氏親が興津久信の駿河東部に所在する当知行分の田地や屋敷地・関などを、子の正信《まさのぶ》に安堵している〔戦今三七九〕。一見、今川氏の領国経営が順調であるかのように見えるが、氏親の文書は興津宛だけで、奉行の文書の登場ということから、政権内部が徐々に変化してきたと想定される。

大永五年（一五二五）

十一月二十日、今川家で氏輝元服の「祝言」があった。宗長は祝言法楽連歌会を同月二十五日に開催し、『古今集聞書』五冊と口伝切紙八枚を氏輝に進上した〔静岡7八八八〕。

宗長が在国していたこともあり、正月から歌会が催された。二十五日には氏輝発句の和歌百首が〔静岡7八五五・八五六〕、七月二十九日には宗祇《そうぎ》の年忌ということで、氏親とともに和歌を詠んでいる〔静岡7八七一〕。また、九月三十日にも宗長と氏親は連歌会を行っており、十月二日には氏親とともに三条西実隆へ進物を送っている〔静岡7八八三・八八四〕。

一方、京都では三条西実隆に、氏親の庶子玄広恵探《げんこうえたん》（良真）の返書と金品が九月十一日に届けられている〔静岡7八七八〕。恵探はこの時点で「花蔵《はなぐら》」と呼ばれているので、すでに遍照光寺《へんしょうこうじ》（藤

氏親の病気が進行か

枝市)に入っていたことがわかる。

九月二十四日、今川氏親の使者で、由比氏の一族惣印軒安星《そういんけんあんせい》が三条西実隆宅を訪れ、氏親と氏輝の和歌三〇首の添削を依頼してきた[静岡7八八二]。その礼金は黄金二両のようだが、それはまだ届いていなかった。実隆は十月に添削を終えている[静岡7八八六]。なお安星は、永正十五年の朝比奈泰能と中御門宣胤孫女との結婚の準備も整えていた。由比氏の一族にはほかにも由比美作守、法名を保悟といった人物が宗長との関係で登場している[静岡7八八五]。

領国内では、八月二十八日に朝比奈時茂《ときしげ》と福嶋盛広《もりひろ》が、遠江国の白山先達職《はくさんせんだつしき》について、浜松荘の川西分は二諦坊《にだいぼう》に、それ以外は頭陀寺千手院《ずだじせんじゅいん》に安堵した[戦今三八四]。九月二十六日には遠州本興寺に、長池親能の名で禁制が下されている[戦今三八五]。どちらも執達文言が記されており、氏親が長期にわたって病気がちであったことも指摘されているため、前年と同様、今川氏の奉行衆によって文書が発給されたのだろう。しかし十二月三日には奥山貞茂《さだしげ》に対して、父奥山良茂《よししげ》跡の遠江国内の当知行分を氏親が安堵している[戦今三九二]。署判の位置には法名＋印章が捺されており、直接署判を加えたものではないため、氏親の完全復帰を意味したことにはならない。氏親の病気が進行していたのかもしれない。

この年、氏親と甲斐武田信虎の間で和睦が結ばれなかったとある[静岡7八九八]。大永二年の正月以降、両者が直接戦うことはなかったようだが、同四年に武田氏は扇谷上杉朝房《ともふさ》を支援して北条氏と戦闘を開始している。その戦いは十一月ころまで続き、一旦は和睦となったが、翌五年三月末には再び戦闘状態に入ったらしい。となると、ここでの「和睦」の意味は、武田氏と北条氏の対立に今川氏が関わったことで一度は和議が持たれたものの、和睦は成立せずにまたもや両者間が険悪になってきたということであろう。

大永六年(一五二六)

病気がちとはいえ、氏親は歌会に参加している。正月二日、中御門宣秀《のぶひで》が氏親の開催した歌会のことを記しており[戦今三九五]、政務は厳しくとも、気のおけない連衆であれば、氏親は参加していたのかもしれない。それでも今川家の歌会も徐々に氏輝の主催に変わっていったのか、正月二十八日には氏輝興行の連歌会に宗長が参加している[静岡7九〇二]。

二月中旬には宗長が京都に向かった[静岡7九〇三～九〇五・九一〇～九一四]。四月二十七日には三条西実隆が氏親から黄金を受け取っている[静岡7九一七]が、これが宗長によってもたらされたものであるかは不明である。

そのような中で四月十四日、氏親は「いまの人々は小賢《こざか》しくなり、思いも寄らない相論に走る」風潮を受け、「思い当たることを、分国支配のために秘かに記しおいた」三三ヶ条の条目＝『今川仮名目録』を定めた[戦今三九七]。

氏親、今川仮名目録を制定

氏親死去

増善寺今川家霊廟

仮名目録では、三浦二郎左衛門尉と朝比奈又太郎の家格の高さも伝えている。今川氏の一門である瀬名氏にもやはり座次《ざなみ》があり、享禄二年（一五二九）八月、瀬名氏貞《うじさだ》が松井八郎三郎の座次について述べた文書が残されている［戦今四六四］。

五月十七日、孕石光尚《みつひさ》に対し、遠江国屋敷分の点役《てんやく》等を免除し、没落以前の借用米銭を無効にしている［戦今九一八］。また、六月十二日には「かハた」の彦八に、毎年の皮役を申しつける代わりに府中の屋敷地を安堵した［戦今三九九］。皮役は武具に使用する貴重な皮革製品を製造するためのもので、府中に屋敷が必要だったのだろう。さらに、十八日には駿州久能寺（静岡市）に、寺領浦へ漂着した流木を本堂の造営のために用いること、ならびに寺と領民のための「汲潮焼塩」行為を承認している［戦今四〇〇］。駿河湾の北西〜北東にかけての沿岸部は塩を特産としていたようで、本文書もその関係で発せられたと捉えられている。

これらの文書を最後に、六月二十三日、氏親が没した［静岡7九二二］。孕石氏や彦八に宛てた文書はともに印判状であるため、久能寺宛の文書も同様であったと考えられる。

七月二日、氏輝が家督者として父氏親の葬儀を執り行った。駿州増善寺《ぞうぜんじ》（静岡市）で行われた葬儀は、僧侶が七〇〇〇人、一族と家臣が一〇〇〇人集まったといい、九日間にわたる盛大なものであった［戦今四一三〜四一六・静岡7九三四］。在京中の宗長は葬儀に参加できず、氏親追善和歌会の題を三条西実隆に依頼している［戦今四二四・静岡7九三六・九五二］。なお、氏親の墓所は椎《しい》

武田信虎と北条氏綱が梨ノ木平で合戦

寿桂尼「歸」印の文書を発給

尾《のお》（静岡市慈悲尾）の菩提寺、増善寺にある。

七月晦日、甲駿国境である籠坂《かごさか》峠の麓の梨木平《なしのきだいら》で武田信虎と北条氏綱《うじつな》が合戦し、信虎が勝利した「静岡7九三九」。両氏は前年に関東をめぐって手切れとなっていたために合戦が勃発したのだが、駿東の葛山《かつらやま》氏は参戦したものの、今川氏が関与した形跡はない。葛山氏は北条氏の御一家であったこと、今川家は氏親の死没があったため、両者の対応が違ったのだろう。

氏親没後は、寿桂尼が公文書を発給している。九月二十六日付の遠州大山寺理養坊に宛てた文書が初見で、朱印「歸（とつぐ）」を文書の書出部に捺し、「そうせん（増善）寺殿」（氏親）の御判に任せて同寺の寺領を安堵した「戦今四一九」。

寿桂尼はこうした代替わりの安堵状や寄進状等を継続して発給し、十二月二十六日には遠州昌桂寺《しょうけいじ》に同国新野池成新田（浜岡町）を寄進し、二十八日には朝比奈泰能に、遠州美薗《みその》（浜北市）の万石の六郎左衛門屋敷を砦にするということで、名田納所分《みょうでんなっしょぶん》を免除している「戦今四二五・四二七」。これは、後に今川義元が「井伊谷を押さえるための地利」があったため、六郎左衛門屋敷を城砦化したようである「戦今八三二」。屋敷を砦に修造するのは軍役の一つとも考えられるから、今川家はその分を免税したと想定される。

コラム

今川氏と分国法

糟谷幸裕

今川氏の分国法とされる法典は、こんにち、三種が知られている。

第一に、今川氏親による「仮名目録」三十三ヵ条。大永六年(一五二六)四月十四日の成立は、東国における分国法の嚆矢とされる。第二に、天文二十二年(一五五三)二月二十六日、今川義元の「仮名目録追加」二十一ヵ条である。その呼称は首題から採ったものであるが、それが原本に存在したものかは不明という。もっとも、第五条に「かな目録」の文言がみえるから、首題を欠く「仮名目録」も、それが同時代的な呼称であったことが知られる。そして第三に、発令年次も主体も不明ながら、「追加」と同時期、義元の手になると推察されている、「定」に始まる十三ヵ条である。「定」はその内容から、研究史上、「訴訟条目」と通称されている〔佐藤進一ほか編『中世法制史料集　第三巻　武家家法Ⅰ』岩波書店、一九六五年〕。

今川氏は、分国法になにを求めていたのだろうか。「仮名目録」の奥書によれば、現今の人々は小賢しくなり、思いもよらぬ相論が惹起されるので、あらかじめ規定を設けておくことで、不公正との批判を回避せんとしたという。ここに端的に顕れるように、「仮名目録」は、分国内の多種多様な紛争に対する今川氏の裁定基準を示すことに主眼があり、領国構成員に対する禁令の比重は、さほど大きくない。そのためか、分国法の特徴としてしばしば指摘される、大名権力の恣意的発動を規制する側面もまた、「仮名目録」には希薄である。かかる傾向は、「追加」「訴訟条目」にも継承されており、今川氏分国法の特色をなしている。

なぜ大永六年四月か、という「仮名目録」の成立時期に注目すれば、おのずと、同年六月二十三日の氏親逝去を想起せざるをえない。家督継承者の嫡男氏輝はいまだ政務に堪えず、氏親室寿桂尼による当面の執政が、氏親の生前から予定されていたはずである。「仮名目録」という仮名書きの文体は、おそらくこの点に関わるのであろう。女性宛の文書は、仮名書きが基本だからである。奥書によれば、「仮名目録」は、「箱の中」より適宜取り出して参照すべきものとされており、公布は想定されていなかった。

にもかかわらず、「仮名目録」の条文は、今川領国外部にまで伝播していった。隣国甲斐の武田晴信(信玄)が天文十六年に制定した「甲州法度之次第」に、「仮名目録」を和漢文に直訳したような条文すら見受けられるのは(たとえば、「仮名目録」第十一条の童部諍論規定)、その最たる例であろう。

かかる「仮名目録」も、四半世紀余を経て、義元による補訂が施される。しかしながら、「追加」には「仮名目録」のような奥書はなく、その契機を直接にうかがうことはできない。「仮名目録」同様、その成立年次に着目するならば、天文二十二年は、西に三河制圧が進展する一方、東方では、旧敵北条氏に武田氏を交えたいわゆる三国同盟が成立へと向かうなか、奪還なってまもない駿河河東地域においても、領国支配が急速に浸透しつつあった。「追加」第二十条にみえる、「只今はおしなべて、自分の力量をもって、国の法度を申し付け」ているという義元の自負は、戦国大名の歴史的性格を端的に示す一節として著名であるが、その認識を支えていたのは、当該期における領国支配の安定化ではなかったか。成立年代未詳の「定」も、同様の文脈に位置付けられよう。

とはいうものの、実際には今川領国にもさまざまに矛盾が蓄積されており、その是正のために「仮名目録」の規定を改変する条文も、「追加」にはいくつかみられる。たとえば、係争地における自力救済をもって敗訴とする「仮名目録」第四条では、三年後の再審が定められていたが、「追加」第十四条において、修正が図られている。無理筋の訴訟をふっかけ、裁判を長引かせることによって相手の「手出しの咎」を誘い、三年間の収益確保を目論む、知能犯めいた訴人があったためという。法の抜け道をくぐるやり口は、それだけ、今川氏の法廷において「仮名目録」の規定が重視され、また、領国内にその条文に通暁した者が存在したことを示すものであろう。今川氏の分国法は、死文ではなかったのである。

しかしながら、その規定の影響が今川氏の発給文書において端的に看取される条文は、残念ながらさほど多くはない。ここでは、戦国大名の家臣団統制法として著名な、「追加」第二・三条から敷衍される寄親寄子制論についてみるなかで、今川氏権力における分国法の〝機能〟を考えてみよう。

寄親寄子制とは、中小の大名直臣を有力直臣に付属させ、両者を擬制的な親子関係で結ぶものである。「追加」第二条は、「同心・与力」（寄子）の寄親以外を通じた今川氏への訴訟を原則禁止とするものであり、論旨は一貫している。いっぽうで第三条は、いますこし複雑である。今川氏が当初、寄子の恣意的な寄親変更を戒めたところ、それを逆手にとって、寄子にたいし、永続的な服従を誓約せねば今川氏への取次もしない、などと迫り、寄子を不当に拘束する寄親の「非分」が横行したという。かかる寄親寄子間の対立に今川氏は、寄親にたいして、寄子を心服させる秘訣を説く。それはまず、「内合力」（大名からの給分とは別個に、寄親自身の所領を寄子に割き与えること）や、今川氏から寄子への給恩を引き出す「苦労」など、寄子への経済的恩典であるが、それ以上に今川氏が強調するのは、寄親の今川氏にたいする奉公である。今川氏はいう。ひとたびの勲功によって多くの寄子を集めえたとしても、寄親の奉公に油断があったなら、寄子は昼夜忠勤に励む別の寄親を求めるのだ。今川氏への奉公を第一とし、寄子に親しく言葉がけしていたならば、寄子は逆恨みなどしないものだ、と。

「追加」第三条の主眼は、寄親・寄子間の対立・矛盾を、いかに調停するかにあった。規模に大小あるとはいえ、両者はともに今川氏の直臣であるから、双方への配慮が不可欠となる。しかし、今川氏が寄親の地位の強化を図れば、それを逆用する寄親の不正が生じるという具合に、それは困難を極めた。安定的な寄親寄子関係には、寄親から寄子への経済的支援(「内合力」)が望ましいが、打ち続く軍陣による負担に多くの給人があえぐなか、寄親にもかかる余裕は乏しいであろう。今川氏はけっきょく、寄親が今川氏への奉仕を励めば、寄子はおのずと心服するという、我田引水ともいえる精神論に走らざるをえなかったのである。

当然というべきか、「追加」制定以後も、寄親寄子間の紛争は絶えない。永禄四年(一五六一)三月十日付の、朝比奈親徳宛の今川氏真判物をみてみよう〔拙稿「今川家臣三浦右衛門大夫について・再論」『戦国史研究』七二号、二〇一六年〕。「同心せしむ輩のこと」の事書で始まる本文書は、「(寄子は)親徳のもとから離れてはならない。親徳に「非分」があればともかく、長年(親徳が)「苦労」して、とくに「内合力」を与えていた者たちが、訴訟の不調を恨みに思って「奏者」(寄親)を取り替えることがあれば、厳しく申し付ける」とする。朝比奈親徳は今川家屈指の重臣であり、数多の寄子を抱えていたと思われる。しかし、その親徳でさえ、ひとたび今川氏への訴訟が遅滞すれば、寄子の離反に直面したのである。しかも、永禄四年といえば、桶狭間の翌年にあたる。今川家中は動揺し、寄親寄子関係もまた、混迷を極めたことであろう。

そのさなかにあって、「追加」第三条の要約ともいうべき文面をもつ本文書は、あるべき寄親寄子像を提示することで事態の収拾を図るものであった。あるいはそれは、分国法の〝権威〟への期待の表出ではなかったか。その実効性を問うならば、以後、斜陽の一途を辿る今川氏の軌跡に鑑みるに、否定的にならざるをえない。しかし、寄親寄子関係の安定は、今川氏の最盛期にあってさえ容易ではなかった。かかる難題に分国法に示された原則をもって対峙せんとする姿勢自体に、今川氏の法意識、ひいては権力の歴史的特質の一端が垣間見えよう。

氏輝、「亭主」として活動を開始

今川・武田の和睦。主導者は寿桂尼

大永七年（一五二七）

氏親の死を悼み、京都では追善供養が行われた。宗長は二月五日に和歌会を催し、三条西実隆は同月十二日に追善の和歌懐紙を宗長に送った〔静岡7九五七・九五八〕。氏親の一周忌にあたる六月二十三日に宗長は和歌を詠んでいるが、七月七日になると、氏輝の興行に参加して連歌を詠っている〔静岡7九七二・九七五〕。このように文化面では、順調に氏輝が「亭主」として活動を始めており、十二月二十八日、氏輝が三条西実隆に黄金を贈っている〔静岡7九九八〕。

一方、政権運営者としての氏輝はまだその役を担うことができず、四月七日には寿桂尼が遠州心月庵《しんげつあん》（大井川町）の棟別ならびに諸役を免除している〔戦今四二九〕。

そのような状況下で六月三日、今川氏は甲斐の武田信虎と和睦した〔静岡7九七〇〕。前々年に和睦は成立せず、前年には駿河国内で武田・北条両氏が合戦して武田氏が勝利した経緯があった。さらに、寿桂尼および若き当主氏輝が家督であるという氏親段階からすればやや脆弱に見える今川領国の状況に鑑みれば、今川氏にとって悪い話しではなかったであろう。和睦を主導したのは、文書を発給していない氏輝ではなく、寿桂尼であったと考えるべきであろう。

なお八月十五日に、海老江元喜《えびえもとよし》が彼の後継にあたるであろう弥六のために、今川氏の当主が出陣する際に準備する具足や随身等を書き上げている〔戦今四三四〕。

氏輝、家督として文書発給

大永八年・享禄元年（八月二十日改元　一五二八）

この年の三月、ようやく氏輝が家督として文書を発給した。三月二十八日、遠江国府八幡宮領中泉村・貴平郷の地頭職、社領の人足役の免除を、八幡宮神主秋鹿《あいか》左京亮に安堵した。また同日、松井貞宗に遠州鎌田御厨領家分や同国内の当知行分を、氏親の文書および父宗能の譲状に任せて安堵し、さらに匂坂長能《さぎさかながよし》にも、遠州匂坂上村・同中村・同関名牛牧村等の当知行分を安堵した［戦今四四三〜四四八］。

これら六通のうち、原本は秋鹿氏に宛てられた三通のみで、これらの氏輝の花押はすべて違っているため、彼の精神的な疾患が疑われている。しかし、なぜ秋鹿宛に一通にまとめることなく三通の文書が必要だったのか、初めて家督として文書を発するのに、今後使用する花押の選択を行っていた可能性はないのか、そもそも文書が写の可能性はないのかなど、氏輝の疾患説には疑問が残されている。

以降、氏輝は八月に名主職の紛失状と大山寺への寺領安堵、九月には久能寺と新長谷寺への寺領安堵を発給しているが［戦今四五〇・四五二・四五三］、同月十七日には遠州高松社の諸役免除として棟別のほかに「塵取船一艘」分が指定されている。塵取船の実態は不明だが、高松神社のある笠松荘は御前崎《おまえざき》近辺なので、海上交通上の要衝地であり、そこで使用されていた船役の免除と想定される。

まずは氏輝が順調に仕事を熟《こな》していたようにも見えるが、十月十八日、再び寿桂尼が文書を発給するようになり、駿河国の「かハた」彦八がかかえる府中の屋敷地を安堵している〔戦今四五九〕。氏輝が文書を発給しているときには寿桂尼が文書を発せず、逆に寿桂尼の文書が出されているときには氏輝の文書は確認できないという事実もあって、先述のように氏輝は病気で政務を執れなかったのでは、との推測がなされている。

享禄二年（一五二九）

前年から再発給され出した寿桂尼の文書は、駿州大石寺《たいせきじ》や沼津郷妙覚寺《みょうかくじ》に宛てた諸役と棟別等の免許、駿州沢田郷（沼津市）の「五とうせんゑもん」（後藤善右衛門ヵ）宛の安堵状である〔戦今四六一・四六五・四六六〕。このうち、大石寺に宛てた文書〔戦今四六一〕だけが「歸」印の捺された位置が年月日部分である。印章の捺される位置は、今川氏の場合、ほとんどが文書の書出部であり、他の二点も同様であることから、大石寺宛文書であえて年月日部に捺印したと想定されるが、その理由については明らかでない。

五月十二日、二俣昌長《まさなが》は、遠州瀬尻の善左衛門が種々奔走している中で、敵が二俣城を攻撃した際、子の孫二郎が早々に入城して忠節に励んだことを賞し、年貢銭のうち一貫文を免除している［戦今四六二］。このときの「敵」が誰かは不明である。
なお、五月二十六日に氏親の母（北川殿）が没している。

享禄三年（一五三〇）

正月二十九日、今川氏は駿州北山本門寺に、棟別や諸役を不入地として免許し、寺号を認めた［戦今四六七］。この文書の日下には、氏輝の名を記しておきながら、花押はなく、袖部に寿桂尼の朱印「歸」が捺されている。当初は氏輝が花押を据えようとしながらも、何らかの理由でそれができなかったために、袖に寿桂尼が印章を捺したと考えられる。

二月二十三日、朝比奈泰能の名で遠州頭陀寺千手院に寺領を安堵しているが［戦今四六八］、これには奉書文言がある。氏輝もしくは寿桂尼の意を受けて出されたものかもしれない。

この年、寿桂尼は駿州新長谷寺の千代菊や遠州玖延寺、さらには同国極楽寺に安堵状を発している［戦今四七一・四七三・四七四］。これらは前年の大石寺宛の文書［戦今四六二］と同様、年月日の上部に「歸」印を捺している。先述した北山本門寺宛の文書［戦今四六七］を考慮すると、袖部に花押や印判を据えることのできる人物は、〝実務を執行している当主〟なのかもしれない。

文化人との付き合いは相変わらず深く、二月十七日に近衛尚通《このえひさみち》は氏輝へ『古今集』を、太原崇孚雪斎《たいげんそうふせっさい》には春日野一〇〇反と花袋二つを遣わしている［静岡7一〇五九］。これは、昨年黄金一両を送付された謝礼とのことであった。また、七月七日と九月十三日には宗長が氏輝邸で和歌を詠んでいる［静岡7一〇八一・一〇八八］。

なお、二俣城に入っていると考えられる二俣昌長が、三月二日に遠江国の善左衛門尉の諸役「門別」（棟別と同義か不明）三間分を免除し、同十七日には奉公を賞して瀬尻内の赤石の年貢銭を免除されている［戦今四六九・四七〇］。前年と同様、このときの相手については不明である。

駿河府中、火災

このほか三月三日には駿河府中で火災があり、二〇〇〇軒余りが罹災した［静岡7一〇六四］。

享禄四年（一五三一）

この年も寿桂尼による文書が発給された。三月二十三日の駿州菖蒲《しょうぶ》ヶ谷《や》（静岡市）の酒井惣左衛門に宛てた竹木伐採の免除、閏五月一日の遠州華厳院（大東町）に宛てた禁制である［戦今四七五・四七六］。禁制は特に軍兵に関するものではなく、近隣とのトラブル回避に近い。

京都の近衛家との音信は続いており、四月十六日と二十五日には、近衛尚通が氏輝からの返書と、馬・太刀の代金黄金五両を進物として受け取り、雪斎の書状も受け取っている［静岡7一一〇八・一一二一・一一二四］。

氏輝、冷泉家の歌道の門弟となる

氏輝は十一月二十五日に宗長と連歌を詠んでいるが［静岡7一一三六］、十月ころに冷泉為和《ためかず》が来駿したこともあって、ますます歌道に励むことになり、十二月になると氏輝は冷泉家の歌道

氏輝、継続的に文書を発給し始める

の門弟になった［静岡7一一三七］。ただし「先規の如く」とあるため、十二月より前に為和の門弟になることは決まっていたのかもしれない。

享禄五年・天文元年（七月二十九日改元　一五三二）

三月六日、氏輝は、大永六年十二月二十六日に寿桂尼が遠州昌桂寺に与えた寺領寄進状に証判を据えた［戦今四二五］。証判は「先に寿桂尼が発給した印判を領掌する」といった文言のほかに年月日と氏輝の花押が据えられている。

それ以降、氏輝は彼が没する前年の天文四年まで、ほぼ継続的に文書を発給し、寿桂尼による彼への補弼《ほひつ》といった側面は見えない。四月二十一日には駿遠両国における三浦鶴千代《つるちよ》の当知行分の所領を安堵し、五月三日には駿州久能寺に寺領浦への漂着木の採取や塩焼を承認している［戦今四八一〜四八三］。

六月二十日、駿州大石寺に門前諸役を免許し、八月二十一日には駿州江尻（清水市）商人宿を安堵している［戦今四八四・四八五］。同宿には三斎市《さんさいいち》が立っていたことはよく知られている。本文中の「上下之商人宿」とは、宿内を東国から西国（上り）、もしくは西国から東国へ（下り）陸路で移動する「上り用」と「下り用」の商人宿の可能性がある。従来は「上下」と記されていると「上宿」「下宿」などと判断されていた。東海道筋を抑えた今川氏ならではの施策なのか明確でないため、今後は他の大名で検証する必要がある。

氏輝は九月三日に、遠州昌桂寺に宛てて五ヶ条の定書を、さらに同月十九日と十月四日には駿州長善寺《ちょうぜんじ》と神竜院《しんりゅういん》に宛てて、安堵状を発給している〔戦今四八七・四八九・四九〇〕。十一月二十七日には富士宮若《ふじみやわか》に、駿州星山《ほしやま》の代官職を安堵した〔戦今四九三〕。富士宮若がこの代官職を得ることができたのは、「馬廻《うままわり》」として氏輝の傍近くで奉公していたからであった。馬廻は、氏輝段階で初めて確認される文言であることから、彼による創出とも考えられる。しかし、大永年間から徐々に奉行衆を用いて機構的な整備を行っていたと想定されることから、その一環として馬廻も設定されていたのかもしれない。

なお、前年から在国していた冷泉為和は、氏輝以外の今川関係者とも交流を持ち始めた。しかし、それは今川氏の御一家〔瀬名源五郎・同寅王丸・葛山氏広《うじひろ》〕に限られている〔静岡7一一四八・一一六〇・一一六七〕。為和は正二位の公家なので、彼と面会できるのは今川氏当主とその近親、および御一家程度と限られていた可能性がある。為和は由比光階の子息惣印軒安星の招待も受けている〔静岡7一一八二〕が、これは安星と京都で面識があったため、と考えられよう。

天文二年〔一五三三〕

この年、氏輝は遠江国の尊永寺《そんえいじ》〔袋井市〕や玖延寺《きゅうえんじ》、駿河国の富士興法寺《こうぼうじ》の辻坊頼真《つじのぼうらいしん》や満願寺《まんがんじ》

氏輝、遠江国衆と初交渉

氏輝、自邸で冷泉為和と歌会始

の栄午、建穂寺《たきょうじ》慶南院の厳意《げんい》に、相次いで安堵状を発給した［戦今四九六・四九九・五〇四・五〇六・五〇七］。十二月四日には、遠州敷知《ふち》郡内で当知行している内海の小船役を、村櫛在城を理由に大沢氏に免除した［戦今五〇五］。当該地域を抑えていた国衆（大沢氏）への氏輝による初交渉を示した文書である。これまでは、自らの領域で安堵状を中心に文書を発していたが、後述するように翌年、駿東地域に文書を集中して発給していることを考慮すると、後顧の憂いを断つためであった可能性もあろう。

一方、歌道も変わらずに励んでおり、正月十三日に冷泉為和が氏輝邸の歌会始で和歌を詠んでいる［静岡7一一九七］。この正月十三日の歌会始は、以後、恒例となっていく。七月七日にも為和が氏輝邸に招かれ、歌会が催されている［静岡7一二一六］が、この年の為和は、氏輝邸以外の歌会は葛山氏広邸に限られていた［静岡7一二〇二・一二一二］。

ところで七月二十三日には、那古野今川氏の竹王丸が、太刀と三〇〇疋を持参して飛鳥井《あすかい》雅《まさ》綱《つな》の蹴鞠門弟となっている［愛知10一一四九］。駿河の今川氏と直接関わるものではないが、那古野今川氏については天文初期まで動向が確認できる。

このほか細川家の書状案に、今川氏の窓口として矢部氏が確認できる［戦今五〇二］。矢部氏はそれほど外交に関わっていないように考えられていたが、細川氏との贈答品のやり取りにおいて、矢部氏が窓口となっていたことがわかる。

寿桂尼、甲斐への荷留

天文三年（一五三四）

氏輝は正月から二月まで、須津《すど》（富士市）の中山兵庫助や大岡荘（沼津市）の惣社日吉山王社の大森能登権守、あるいは大石寺など、駿河東部に文書を発給していた〔戦今五〇八〜五一〇〕。特に中山宛の文書〔戦今五〇八〕には「切符《きりふ》」文言が登場する。中世社会において、すでに「切符」は使用されていたから、特段珍しいものではないが、義忠以降の今川氏関連文書では初見である。

三月〜五月には氏輝の文書は発せられなかった。その代わりなのか、懸川城主の朝比奈泰能が遠州大山寺理養坊に寺領安堵を、寿桂尼が富士金山へ荷駄を運ぶ大田神五郎に往還を許可する一方、甲斐への荷駄の通行を許さないとの文書を発した〔戦今五一二・五一五〕。寿桂尼による甲斐への「荷留」は、前年に氏輝が大沢氏に小船役を免除したこと〔戦今五〇五〕とあわせて考えると、甲斐武田氏と領域を接する駿東地域が緊張し始めたのかもしれない。

六月になると氏輝は再び文書を出し始め、七月までに加々爪泰定《かがつめやすさだ》や山中源三郎・興津正信に対して、駿河・遠江両国に関わる安堵状を発給した〔戦今五一六・五一九・五二〇〕。これが八月になると、「禁制」等の文言のない制札に類する文書を駿州真珠院に発し、さらに十一月七日には駿州淀志田《よどしだ》（富士宮市）での相論で、井出《いで》神左衛門尉を勝訴とする判決を下している〔戦今五二一・五二二〕。

氏輝、駿東に文書発給

今川・武田氏の交戦

氏輝の国内関係の発給文書を見ると、かなりの割合で駿河東部に偏っていることがわかる。先述の加々爪宛の文書と十二月十六日の原川又太郎に宛てられた遠江国内の所領に関する安堵状［戦今五二八］が異質に感じる。七月中旬には駿・遠・豆の三ヶ国の軍勢一万余騎が甲斐国に侵攻し、武田勢と交戦した後、帰陣した［静岡7一二九〇］という記述が残されている。記載は短文のため、はっきりしたことはいえないが、武田・今川両大名間での緊迫状況が前年から始まり、年が改まって徐々にそれが現実化し始め、七月ついに交戦となった、とも考えられる。そのため、氏輝は駿河東部を中心に文書を発していたとも考えられよう。

冷泉為和はこれまでと同様、氏輝邸で和歌を詠むこともあったが、この年は二回しか氏輝宅を訪問していない［静岡7一二八六・一三〇〇］。それよりも、今川氏の被官との交流が増した年であった。葛山氏広［静岡7一二八三・一二九四・一二九六・一三〇四］のほか、正月二十日の高道実《こうのみちざね》邸、閏正月二十日の進士氏信《しんじうじのぶ》邸、十月十五日の興津又四郎を頭役《とうやく》とする歌会［静岡7一二五二・一二五七・一三〇八］が確認される。

興津氏は宗長との付き合いも深く、大永八年四月十二日には、宗長が興津盛綱《もりつな》の追悼和歌百首を詠んでいた［静岡7一〇〇九］。これまで今川氏が興津氏を連衆として扱っていなかったことを考えると、興津氏の家格が上昇したと推測される。家格の上昇のきっかけとなったのは、弥四郎信綱《のぶつな》が七月十三日に馬廻となった［戦今五二〇］ことも関係があるのかもしれない。

武田信虎、駿河侵攻

氏輝、北条氏に援軍要請。万沢口で武田氏を撃退

天文四年（一五三五）

五月十六日、氏輝は遠州村櫛荘領家方および尾奈《おな》郷の棟別銭を領家に安堵し、遠州大山寺領および住坊等について、秀源《しゅうげん》から秀尊《しゅうそん》へ継承されることを承認した［戦今五二九・五三〇］。両文書は村櫛荘に関するもので、特に前者は国衆大沢氏と考えられ、七月以降の武田氏との戦闘状況に鑑みると、村櫛周辺の安定を願ったものと考えられる。

六月四日に駿州興法寺山中の参銭＝賽銭所を辻坊頼真に安堵［戦今五三一］した氏輝は、七月五日に武田信虎と合戦に及んだ。信虎が駿河に侵攻してきたため［静岡7一三四四］で、富士口で合戦があり［山梨4七九］、後に武田軍は鳥波《とりなみ》（芝川町）付近を放火している［戦今五三二］。対して氏輝は二十七日に出陣し、八月十九日に万沢《まんざわ》口で合戦に及んだ［戦今五三三］。この合戦で孕石光尚は翌日、氏輝から感状を受けている。もう一通、氏輝の感状が残されているが、宛名はない［戦今五三二・五三三］。氏輝は北条氏に援軍を求めたため、父氏親の従兄弟北条氏綱、および自身の妹と婚姻関係にある氏康《うじやす》、さらには氏綱の兄弟までもが出陣した。出陣は八月十六日［静岡7一三四四・一三四九］、軍兵一万ばかりを率いてのことで、二十二日には都留郡の小山田衆と戦い、小山田衆は七〇〇～八〇〇人ほどが討ち捨てられ、三六〇～三七〇人を討ち取った。小田原衆は負傷者が二〇〇～三〇〇、討死したのは二人＝足軽の河村与太夫の子だけで、翌日

小田原に帰って行った。なお、太田又三郎に宛てた感状も残されている〔戦今五三四〕が、太田は北条氏の家臣であり、今川・北条両氏間において同盟が結ばれていたからこそ、こうした文書が残されたといえる。

甲斐での合戦後の十月十八日、氏輝はもともと二俣近江守が不入として所務してきた遠州中《なか》尾生《びう》城（龍山村）を匂坂長能《さぎさかながよし》に委ねることにした〔戦今五三六〕。

この年も冷泉為和は歌会に参加しており、新たに葛山氏元《うじもと》・渡辺彦二郎の二人と面識を持った〔静岡7一三三一・一三四二〕。氏元は氏広の嫡男と思われるが、渡辺については不明である。

天文五年（一五三六）

氏輝、小田原訪問

前年の武田氏との合戦に対する謝礼であろうか、氏輝は二月初旬に小田原の北条家を訪問した。二日の時点で伊豆国那賀郷の百姓中に、氏輝の小田原訪問用の箱根竹が上納されることになっていた〔戦今五三八〕。五日には氏輝が小田原で催された北条家の歌会に参加している〔静岡7一三六四〕ことから、二月に入ってすぐに駿河府中を発ったと考えられる。

二月十七日には尾上信正《おのえのぶまさ》に対し、右衛門尉親貞《ちかさだ》と朝比奈親徳《ちかのり》が、欠落した被官百姓に還住するよう命じている〔戦今五三九〕。これには奉書文言があり、氏輝は一ヶ月余り小田原に滞在したとされるので、本文書はその間に発せられたことがわかる。

氏輝死去（二四歳）

花蔵の乱。承芳（義元）と
氏輝弟（恵探）の家督争い

氏輝の帰国直後の三月十七日、氏輝と彦五郎の兄弟が突然没した［静岡7一三六七～一三七〇］。氏輝、二四歳の若さである。今川氏の家督とその兄弟の二人が同日に急死するという不自然さから、様々な憶測がなされているが、現時点でもその死亡理由については明確になっていない。

四月二十七日、冷泉為和が酒井惣左衛門丞邸において和歌を詠んだこの日に「乱が始まった」［静岡7一三七二］。「乱」とは氏輝の弟栴岳承芳《せんがくじょうほう》＝善得寺殿《ぜんとくじ》（後の義元《よしもと》）と、同じく氏輝の弟花蔵殿《はなぐら》（玄広恵探《げんこうえたん》）による合戦のことで、この両人の争いを花蔵の乱という。

前年に善得寺に入っていたと思しき承芳は、五月三日には室町幕府第一二代将軍足利義晴《よしはる》から、名字「義」字と家督相続を認められた［戦今五四二］。駿河から義晴のもとへ向かう日数と、さらに義晴と使者等が面会するまでの日数を考えると、一〇日程度はかかると思われるので、四月二十日過ぎには義晴への使者が駿河を出発していたと判断される。ということは、「乱が始まった」とされる四月二十七日以前に、承芳および雪斎《せっさい》がすでに玄広恵探との対決を予測し、自身の行動が有利に働くように行動していたことになる。

五月十日、鶴岡八幡宮寺の仮殿造営用の材木が、花蔵の乱のために調達できなくなった［静岡7一三七六］。恵探は承芳の庶兄で、母は福嶋氏であった。一方、承芳は氏輝と同様、母親は寿桂尼であったが、五月二十四日に寿桂尼は福嶋越前守の宿所へ出向き、「花蔵ト同心」したとされる［静岡7一三七八］。さらに「寿桂尼が重要な書類を持って恵探のもとへ行った」［戦今五七二

寿桂尼、恵探派として行動

恵探、北条氏綱に攻撃され、家督は承芳が継ぐ

との文言も見えることから、これらの文言を素直に解釈し、寿桂尼が恵探派＝反承芳・雪斎となったとする見解が出された。その一方で、「同心して」は「妥協が成立して」と解釈し、重要な書類＝妥協案を持って恵探のもとを寿桂尼が訪問した、との解釈も示された。現在でも意見が分かれているが、素直に文言を読めば寿桂尼は恵探派となったと理解される。寿桂尼と承芳・雪斎では、京都外交のパイプがまったく違っており、その点が寿桂尼を恵探派へ走らせた要因の一つと考えられる。

翌日未明から駿府で合戦があり、福嶋党は夜中に久能山城（静岡市）に引き籠もった。六月に入ると、六日の時点で駿州瑞応庵《ずいおうあん》（静岡市）に、禁制が下されている〔戦今五四五〕。「駿河志料」には「今川家判物朱印」とあるが、当時今川氏に「家印」はない。承芳も自身が用いていたのは黒印「承芳」であったから、承芳であるかもはっきりしない。寿桂尼は朱印「歸」を使用して公文書を発給していたので、彼女の朱印状という可能性も考慮しておくべきだろう。

とはいうものの、六月八日になると玄広恵探や福嶋一門は北条氏綱の軍勢によって攻撃され、最終的に承芳が今川家の家督となった〔静岡7一三八〇〕。承芳は富士宮若に長期在陣の苦労を労い、駿州慶寿寺《けいじゅじ》に禁制を下し、駿府浅間社の村岡大夫には同社の流鏑馬銭の徴収を命じている〔戦今五四六～五四八〕。六月十四日には恵探が自害し、承芳方からすればようやく反乱分子の中心勢力を駆逐することができたのである〔静岡7一三八四〕。

承芳、義元と名乗る

尊永寺山門

八月以前、承芳は将軍義晴から授与された「義」字を用いて「義元《よしもと》」を名乗ることにした。義元はこれ以降、代替わりの安堵状を立て続けに発給する。八月五日にかつて寿桂尼・氏輝が発給していた文書と同内容で、遠江国の白山先達職を頭陀寺千手院に与えた。十日には家督相続の礼物を三条西実隆に贈り、三十日には駿州須津《すど》荘八幡宮に対して、福嶋弥四郎が代官であったときと同様、社領や供僧免を安堵し、棟別や点役を免許した〔戦今五五一～五五三〕。九月になると、義元は北山本門寺と大石寺門前の諸役等を免除し、駿州安養寺に対しては寺領を安堵し、棟別や諸職人・船二艘分の国役を免除した〔戦今五五四～五五六〕。

十月から閏十月にかけて、義元は遠州尊永寺や西山寺（相良町）、駿州入江荘の平沢寺の寺領や、江尻商人宿の三斎市と上下の商人宿を安堵し、駿州東光寺には門前棟別のみを納めさせるようにした〔戦今五五八～五六〇・五六二・五六三〕。

その間、方形「義元」朱印Ⅰ型を用いた駿州岡宮浅間社（沼津市）宛の寄進状〔戦今五五七〕や興津彦九郎に宛てて同名や親類の者たちに対して一族の結束を求めた文書を発している〔戦今五六二〕。閏十月二十七日には由比光教《みつのり》に駿州蒲原《かんばら》郷内南之郷山・屋敷等を与えているが、これは光教が花蔵の乱で忠節に励んだからであった〔戦今五七〇〕。

なお閏十月十七日、今川氏の御一家と想定される関口氏縁《うじより》が、一九石に決定した年貢を岡部親綱《ちかつな》へ催促してはならないと決まった、と冷泉為和へ伝えている。天文四年二月十三日に、為

義元、花倉の乱の恩賞・感状を発す

和が今川領国内の所領からの進上がないと葛山氏広や岡部親綱に不満を述べていた［静岡7一三二三］が、それは岡部らが為和の歌道の門弟だったからである。そのため為和は彼らに年貢の進上を求めたのだが、実際は彼ら自身が年貢を滞らせていた可能性が高い［戦今五六三〜五六九］。

十一月三日、義元は花蔵の乱での岡部親綱の忠節を賞した。特に「住書（重書）」を花蔵に奪われたものの、それを取り返したことが大きく、さらに方上城《かたのかみ》（焼津市）や葉梨《はなし》城などの戦いでも忠功に励んだため、駿州有東《うとう》（静岡市）の福嶋彦太郎分などを与えることとした。先述の由比光教宛の文書［戦今五七〇］と同様、このあたりから花蔵の乱にかかわる恩賞や感状が提示されるようになる。したがって、同月五日の三浦弥次郎宛の文書や七日の駿州安西寺宛の安堵状、さらには二十七日の駿州大泉寺（沼津市）宛の寺領安堵状は、乱後における再安堵といった性格も否めないであろう［戦今五七一〜五七四・五七九］。

十二月十三日、義元は大山寺の秀源に対して、遠州大山寺の寺領や住坊等を弟子秀尊に継承させることを認め、二十四日には、「降人」井出左近太郎の屋敷分を代官職として預けおいた。さらに二十七日には駿州足洗《あしあらい》郷（静岡市）の朝比奈又二郎跡知行分を孕石光尚に与えている［戦今五八一・五八二・五八四］。井出左近太郎は花蔵の乱で一時、恵探側に付いたが、後に降参したのであろう。孕石光尚は当初から義元側に従っていたようで、又二郎の兄弟が異議を申し立ててきても、新給恩として宛行っている。同月には、遠州玖延寺の恵椿長老に、寺領の承認を行い、執務を命じている〔戦今五八六〕。
なおこの年の十月六日、氏親の姉（栄保大姉）が没している。

天文六年（一五三七）

義元、武田信虎娘と結婚し、武田氏と和平

前年に家督を継承した義元は、北条氏綱の加勢があって今川氏の当主となった〔静岡7一三八〇〕。そのためこの時点では明らかに、氏綱とは同盟関係、武田信虎とは対立関係となっていた。しかし二月十日になると、突如として義元は外交方針を大きく変更し、武田信虎の娘と婚姻関係を結び、和平を結んだ〔静岡7一四二二〕。なぜ義元が外交方針を変えたのかについては明確でない。ただ、氏親時代においては京都中御門家から入嫁した寿桂尼が外交のパイプの中心であったと思われ、それが氏輝段階でも継承されていたと判断される。しかし義元と雪斎は、彼ら自身が在京して京都五山の僧侶たちと付き合いもあり、雪斎に至っては摂関家である近衛家（特に近衛尚通）とかなり親しい間柄であった〔御法成寺関白記〕。当時、近衛家は将軍義晴と姻戚関係だったこともあり、公家と武家のトップと直接音信を結ぶことが可能になったのだ。となると、寿桂尼の立場も相対的に下がってきて、さらに氏親段階の姻族としての北条家との結びつきも徐々に薄れてきたこともあり、何らかの理由で外交方針も変化してきたとも考えられる。

北条氏綱、駿河出陣

これに憤慨した氏綱は十八日、鶴岡八幡宮の快元僧都《かいげんそうず》に戦勝祈願を命じ、二十一・二十三日

第一次河東一乱

には駿河東部の寺院や郷村に制札を発して、自らも二十六日に出陣した［戦今五八七〜五九〇・静岡7一四二七］。

義元はこれに対抗しようと、武田氏に援軍要請のために、駿東地域の御宿友綱《みしゅくともつな》を案内者として武田氏に送った［勝山記］。これ以降の今川・北条両氏の対立は、富士川以東で合戦が多く行われたため「河東一乱《かとういちらん》」と呼ばれており、同八年ころまでの合戦を第一次河東一乱、天文十四年の合戦を第二次として扱っている。ちなみに「河東」は、富士川の東を意味していた。

氏綱は、三月四日には吉原《よしわら》（富士市）を抑え、七日までには河東地域をほぼ掌中に収めた。その七日には富士宮若が小泉上坊《こいずみかみのぼう》に楯籠もって北条勢を追い払ったため、義元は感状を認めている。二十五日には氏綱が、笠原・清水の両名から野辺《のべ》・高橋彦四郎に三河へ移動するための料足を渡すよう指示を出し、二十九日には作手《つくで》の奥平定勝《おくだいらさだかつ》に対し、遠江攻略後に所領を与えると約し、出兵を要請した［戦今五九二・五九五・五九六］。後方攪乱の依頼である。

これらの文書からは、三河戸田《とだ》氏・遠江井伊《いい》氏にも攪乱を依頼しているように見受けられる。天文五年三月十日、三州菟足《うたり》神社には氏綱製作にかかる螺鈿《らでん》の鞍が寄進されている［愛知10一二三七］。この鞍は、氏綱と義元が対立している時期に、今川氏と敵対する三河戸田氏へ氏綱が贈呈し、その後神社へ奉納されたとする見解もあり、北条氏による対今川工作の一環と考えると、非常に興味深い。

駿河富士下方衆、吉原で北条軍と合戦

今川・北条の合戦は膠着状態

四月二十日、駿河国の富士下方衆《しもかたしゅう》は、吉原で北条軍と戦っている。下方衆二四人が討死し、北条方が勝利したようである［静岡7一四三二］。また、前月に行われたいくつかの後方攪乱の依頼が奏功したのか、二十六日に遠州見付（磐田市）で今川氏御一家の堀越氏による叛乱が起こった。それを鎮圧した義元は、二十八日に見付端《みつけは》城での天野虎景《とらかげ》・同景義《かげよし》の戦功を賞している［戦今五九四］。

五月一日、今川勢が吉原から軍事行動を起こしたため、北条氏はその対抗として重臣大道寺《だいどうじ》盛昌《もりまさ》を駿河国に派遣した［静岡7一四三七］。十五日、義元は富士宮若に、駿州田中（富士市）の渡辺三郎左衛門および羽鮒《はぶな》（芝川町）の清《きよ》善次郎が持っていた名職《みょうしき》等を与えた［戦今五九八］。渡辺・清の両氏が北条方に従ったため、宮若に両人の名職が移されたのである。

五月中は、北条氏が今川氏との対戦を積極的に行えなかった。というのも、上総国で真里谷《まりやつ》武田氏の内訌が激化したためである。十三日に氏綱自身がまたもや駿河に侵攻し、翌日の合戦では敵数百人を討ち取って勝利した［静岡7一四四一・一四四二］。なお同月九日には、義元が遠州長松院に、牛岡郷内の奥野や西郷の仏堂寺、金屋郷内の宮田や棟別等を安堵し、さらに馬淵経次郎の跡職を弟の馬淵又三郎に相続させることにしている［戦今五九九・六〇〇］。

その後、今川・北条両者の合戦は膠着状態に入ったようで、義元は十月十八日に加々爪右馬丞に山名郡新池郷内の上分方と高部《たかべ》斗代方《とだいかた》を代官職として与え、十一月十一日には駿州慶寿寺東演坊《とうえんぼう》の寺領等を安堵している〔戦今六〇二・六〇三〕。

天文七年（一五三八）

正月十五日、義元は駿州清林寺《せいりんじ》の宗悦《そうえつ》に、同寺領等を安堵した〔戦今六〇六〕。史料的に検討の余地があるが、二十二日に氏綱は、葛山氏と推測される堀之内氏に対し、武田信虎の駿・信国境への出馬を了承し、事実ならば帰陣するよう伝えている〔戦今六〇七〕。

三月八日、今川氏の御一家瀬名貞綱《せなさだつな》が、蒲清親《かばのきよちか》に遠州蒲惣検校職《かばのそうけんぎょうしき》を安堵している〔戦今六〇八〕。同月十六日に瀬名氏貞《うじさだ》が没している〔静岡7一四六一〕というので、それにあわせた代替わり安堵であろう。蒲惣検校職の安堵は、ここまで瀬名氏が行っていたにも関わらず、天文九年になると義元が行っている〔戦今六四六〕ことから、近年氏貞の死没が義元による粛清という側面も出てきた。そうすると、前年に行われた可能性が高い北条氏の後方攪乱の依頼は、本年ということもあり得るので、今後も注意する必要がある。

飛鳥井雅綱が今川氏の御一家で遠江国を居所とする堀越氏延《うじのぶ》に蹴鞠条々を与えた五月〔戦今六〇九〕、義元は十八日に、遠州犬居《いぬい》の天野景泰《かげやす》に対して犬居三ケ村の当知行分を与えている。十二月二十九日にもほぼ同文の文書が発給されており〔戦今六一〇・六一九〕、いずれの文書も写で、どちらかの文書が発給されていなかった可能性も否定できない。また二十二日には、駿州臨済《りんざい》

義元、三州吉田社に社頭を寄進

北条氏、駿河府中近くにまで侵攻

氏真誕生

寺《じ》(静岡市)へ同国入江荘内の志太良方《したらかた》等を寄進した[戦今六〇九・六一一]。

六月十二日、義元は駿州長福寺《ちょうふくじ》(清水市)英蔵司に同寺の寺領等を与え、八月二十三日には鈴木孫二郎に遠州家山郷《いえやま》(川根町)の当知行分を安堵した[戦今六一三・六一四]。さらに十一月八日、三州新神部郷(豊橋市)吉田社に社頭を一宇寄進した[戦今六一五]。義元による三河関係史料の初見である。ここには奉行として某輝綱《てるつな》と某吉徳《よしのり》の存在があった。

その一方で、駿河に侵攻していた北条氏は、五月二十九日、駿州妙覚寺に対して諸役を免除し、八月六日には氏綱によって、駿州北山本門寺に禁制が下されている。十月十五日に快元は、氏綱が駿河半分と伊豆国等を支配している[静岡7一四六九・一四七三・一四七七]と述べているため、この時点で北条氏が駿河府中に近いところまで侵攻していたことがわかる。

なおこの年、今川氏真《うじざね》が生まれている[静岡7一四八三]。幼名は龍王丸《たつおうまる》で、(年未詳ながら)守衆《もりしゅう》の頭人《とうにん》には三浦内匠助正俊《たくみのすけまさとし》が選ばれた[戦今六二〇]。

天文八年(一五三九)

正月十八日、義元は井出駒若《いでこまわか》に、同新三跡分として富士上野関銭と、一年に一度の馬一疋一〇〇文ずつを安堵した[戦今六二二]。二月八日と五月二十七日には、遠江国の頭陀寺《ずだじ》と摩訶耶寺《まかやじ》に宛てて似通った定書を発し、寺内統制を強化している[戦今六二二・六二五]。ちなみに頭陀寺宛

駿州蒲原城を北条氏が攻撃

の文書は、義元が「治部大輔」を称した初見で、後者の文書の袖部には前者の文書にある「定」の文字が記されていない。

閏六月一日、義元は二俣城主松井貞宗《さだむね》に対し、日々の在陣の苦労を見舞った〔戦今六二八〕。貞宗の在陣場所は不明だが、前々年以来の河東一乱が解決したわけではないので、おそらく駿河東部のいずれかの城と考えられる。義元は「駿遠両国が安定するのも危機を迎えるのも、いまこのときにかかっている」と述べて、北条氏からの駿河奪還を願っている。

七月八日、駿州蒲原城（蒲原町）に北条氏が攻撃を加えてきた。このとき、小島又八郎は頸一つを討ち取り、文書内容にやや疑問が残されるものの、朝比奈弥六郎が蒲原城の大手で戦功を挙げた。小島はこの合戦の給恩として、江尻五日市場のうち「よしそへ」という田地を宛行われた〔戦今六二九〜六三二〕。対する北条氏綱は同二十九日、駿河国での戦闘に勝利して帰陣したため、戦勝を祈願した相模国松原大明神供僧西光院《くそうさいこういん》に社領を寄進した〔静岡7一五〇二〕。

八月一日、義元は三浦弥次郎に、遠州浅羽《あさば》荘内の柴村（袋井市）・平河（小笠町）内の池村等を新給恩として与えた〔戦今六三二〕。九月二十四日には平野弥四郎に駿州鎌田原の朝比奈千太郎三分一方の野地、外屋敷、棟別を除いた向嶋、諸役等を与えているが〔戦今六三三〕、これは花蔵の乱の恩賞だった。九月晦日には松井貞宗に、遠州久津部《くつべ》郷（袋井市）を一円与えているが、こちらは子の宗信が「近習《きんじゅ》」として駿河府中にあったためという〔戦今六三四〕。

駿河一宮浅間社

第一次河東一乱の終息

十月〜十一月、義元は三浦弥次郎に対して遠江国の当知行分の所務を命じたり、遠州長楽寺や野部郷の山王社の寺社領を安堵している〔戦今六三六〜六三九〕。それが十二月になると、浅間社《せんげんしゃ》に関する文書のみが残されるようになる〔戦今六四〇〜六四二〕。駿河一宮である浅間社に対して今川氏が配慮するのは当然のことであった。ただ、この時期に一和尚・四和尚および御炊職《みかしき》の授与、駿州足洗大明神社領の安堵、駿府浅間社の神役料徴収に関する文書がまとまって出されているのは、花蔵の乱から河東一乱に至る混迷が終息に向かい、改めて一宮への対応が求められたのかもしれない。

天文九年（一五四〇）

第一次河東一乱も落ち着いたようで、義元はこの年、駿遠両国に対して安堵状や寄進状を発給している。寺社に対しては、遠州妙光寺《みょうこうじ》への寺領安堵及び棟別諸役等の免許、駿・遠両国における白山道者《はくさんどうじゃ》の宿坊契約、蒲社領の安堵、遠州宝渚寺《ほうしょうじ》と末寺三ヶ寺への新田の寄進、久能寺窪坊領の安堵がなされた〔戦今六四四〜六四八・六五〇・六五一〕。このうち、蒲社領の文書は同日で二通あるが、池谷備前守宛文書〔戦今六四七〕が蒲惣検校宛の文書〔戦今六四八〕を写した可能性もある。また遠州円永坊《えんえいぼう》（大井川町）に宛てた文書〔戦今六四八〕は、近年原本が確認された〔戦今二六九九〕。

被官に対しては、八月一日には三浦弥次郎と諸給主に、検地に際して百姓等の不法を禁じ、

義元、駿遠両国に安堵状・寄進状を発す

二十五日には松井貞宗に安堵状を発している［戦今六五二〜六五四］。十二月十三日には天野景泰に遠州犬居三ヶ村を安堵し、棟別や諸役を免除した［戦今六五七］。

なおこの年、以前は今川家からの年貢が一〇〇〇疋送られていたにも関わらず、ここ数年は上納が途絶え、書状すら送られてこないことを大館晴光《おおだちはるみつ》が嘆いている［静岡7一五四〇九］。このため家督相続の際、もしくはその後には書状のやり取りや年貢の上納があったと推測され、天文五年頃には義元が将軍や奉公衆等と音信を結んでいたと思われる［戦今五四二］。

それが天文九年以前の数年前から何も送られてきていないとされているので、こうした状況になったのは昨年＝天文八年というわけではない。さらに義元が治部大輔を称するのは、現在確認できるものは天文八年［戦今六二二］以降である。したがって月日記載のない、今川治部大輔宛の足利義晴御内書案［戦今五四三・五四四］は、天文六もしくは七年と思われる。ただ同六年は十一月まで「義元（花押）」と署判している［戦今六〇三］ので、天文七年の可能性が高い。

天文十年（一五四一）

この年、義元は従前のように寺社に対して安堵状や寄進状を発していた［戦今六五八〜六六九］。このうち、五月五日には加々爪《かがつめ》右馬允と遠州見付府町人百姓に対して文書が発給され、加々爪には遠州新池郷が安堵された［戦今六六二］。一方、見付府町人には一五〇貫文の年貢納入が決められたが、これによって見付が町人たちの自治で運営されるようになったと評価されている［戦今六六三］。

六月十四日、武田晴信《はるのぶ》（後の信玄）の父信虎が、人数は不明ながらも駿河に向かった。このとき晴信は国境を封鎖し、十七日には躑躅《つつじ》ヶ崎《さき》館に移って、二十八日に家督となった［静岡7一五五五～一五五八・塩山向嶽禅庵小年代記・高白斎記］。信虎は甲斐国を追放されたのである。

このクーデターを今川方で取りもったのが、太原崇孚雪斎《たいげんそうふせっさい》と岡部久綱《ひさつな》で、義元は彼らを晴信のもとへ送り、信虎の隠居について協議していた。九月二十三日に義元は晴信に対し、信虎の女中衆や隠居分について、惣印軒安星を用いて催促している［戦今六六四］。

十二月十日に今川被官で引間城に入っていた飯尾乗連《のりつら》は、江馬加賀守とともに、遠州青谷《あおや》（浜松市）の天照太神宮の社殿造立に奉加した［戦今六七〇］。さらに三月十六日には遠州受領庵に、乗連が畠地を一町九段寄進している［戦今六六一］。この寄進状の本文中に「乗連」との文言があるが、この部分は後筆と思われる。

なお、四月には臨済宗妙心寺派の高僧明叔慶浚《みんしゅくきょうしゅん》が、今川義元の招請によって駿州臨濟寺に入った。彼は五月二十日に雪斎らの要請で、臨濟寺にて琴渓承舜《きんけいしょうしゅん》の十三回忌を行い、さらに雪斎の希望で彼の生母の二十一日忌仏事を七月六日に行っている。また、翌年三月十七日前後に、今川氏輝の七回忌を行っている［戦今二七〇一～二七〇四］。

天文十一年（一五四二）

この年も義元は領内の経営を中心に行っていた。義元は、正月二十五日に天野小四郎虎景に宛てて、遠州犬居山中の当知行分と同国宇奈《うな》（天竜市）代官職を与えた〔戦今六七一〕。同年十一月十五日には、田畔《たぐろ》右馬尉が建造した遠州西宮社（春野町）の社殿には、「地頭天野安芸守（景泰）幷代官四良次郎」と記されている〔戦今六九三〕ので、天野「四郎」の系統が当地を押さえ始め、義元も彼らを追認していったようだ。

二月二十二日、義元が岡部元綱《もとつな》に対して一字を授与した〔戦今六七二〕。今川氏による一字書出は非常に数が少なく、当主発給のものは氏親の父義忠によるもの〔戦今二七四六〕は知られているが、氏親〜義元のそれは、この段階まで確認されていなかった。ほかには翌年の義元から天野氏に宛てた文書と瀬名時貞《ときさだ》のもの〔戦今七〇一・七三〇〕が存在する程度である。

五月十一日、駿州葉梨郷に関する義元の判物が三点発給されている〔戦今六七六〜六七八〕。一点は松林寺《しょうりんじ》の宗微《そうび》宛で葉梨郷を寄進しているもので、後二者を真似たようで検討を要する。後二者は、龍澤山禅昌寺《ぜんしょうじ》（岐阜県萩原町）第三世の仁谷智胦宛の文書で、安養寺領を仁谷に寄付している。禅昌寺の文書が原本と考えられ、写が安養寺に所蔵されていたと思われる。なお同月二十日になると、義元は興津信綱宛で、遠州村岡郷内の大坂（大東町）西方田地の知行を認めている

〔戦今六八〇〕。

六月～九月にかけて、寺院へ流木の使用を許可したり、寺社に対する安堵や段銭・棟別銭を寄進したりしている〔戦今六八一・六八二・六八五～六八七・六九五〕。

十一月八日、伊勢御師の亀田大夫に対して義元は、駿州足洗郷の年貢米二〇〇俵を渡した〔戦今六九二〕。氏親・氏輝の段階で、伊勢御師の関係文書が一時確認されなくなっていた。永正～天文初期に至るまで、駿遠両国では伊勢御師の活動が低調だったのかもしれない。同月二十九日には、高井兵庫助が甲府に到着し、今川義元の使者として武田晴信と禰津元直《ねづもとなお》の娘との婚姻に祝意を示している〔静岡7一六〇四〕。

十二月八日、賀茂右京亮が寺奉行だった際、寺務をほしいままにしたため、遠州長松院が訴訟を起こした〔戦今六九九〕。長松院には同国奥野と堂脇等の寺領が安堵されたが、寺奉行という文言は本文書以外では確認できない。十六日には駿河国の江尻商人宿に対して、三斎市と上下の商人宿の諸役を免除している〔戦今七〇〇〕。

なお、この年の八月に義元と織田信秀《のぶひで》が三州小豆坂《あずきさか》で戦ったという記録がある〔信長公記〕。これと併せて、九月二十五日に義元が水野十郎左衛門尉に宛てて、織田軍との合戦についての状況を知らせるといった文書〔戦今六九〇〕があったため、両者の合戦が史実として語られていた。しかし当時、小豆坂で合戦が行われた様子は他の史料からは確認されず、水野宛の文書も、発

駿東で北条氏と小競り合い

給者が義元ではなく美濃斎藤氏の被官長井《ながい》秀元《ひでもと》で、天文十三年に比定されることがほぼ確定したため、本年の小豆坂合戦は存在しなかったといえる〔徳川美術館所蔵文書〕。

天文十二年（一五四三）

二月一日、義元は天野元景《もとかげ》に一字を与えた〔戦今七〇一〕。四月十日、義元は駿州龍津寺《りゅうしんじ》（静岡市）に禁制を下すとともに、同寺首座に宛てて、氏親の父義忠の娘（氏親の姉）栄保大姉の菩提として山屋敷や寺領を寄進した〔戦今七〇二・七〇三〕。十四日には駿州大岡荘の日吉山王社領を、氏輝の文書に従って大森能登権守に安堵した。同日には日吉社の造営も行われており、義元がその造営に関わっていること、今川氏の被官として大工棟梁の春日尾張守・小井土《こいど》因幡の存在がわかっている〔戦今七〇四・七〇五〕。

同月十四日、井出左近太郎に対して、義元は駿州富士上方のうち稲葉給や被官百姓の居屋敷を与えた〔戦今七〇六〕。これは「このたび当乱が起こって、最前で走り回った」ためであった。膠着していたとはいえ、第一次河東一乱後の駿東地域は緊張関係が続いており、軍事衝突を伴う小競り合いが続けられていたのであろう。「当乱」とはその一環ではなかろうか。

五月二十日には二通の寺院宛と一通の被官宛の文書が発せられた。遠州宇苅《(刈)》の西楽寺と多宝寺に発給された文書はどちらも寺領安堵状で、証文紛失による再発給であった。また、被官宛

義元、駿遠両国に安堵状・寄進状を発し続ける

文書は松井貞宗宛で、同心衆が離れていく場合は跡職を別人に申し付けることを徹底させている〔戦今七〇七～七〇九〕。

六月五日、義元は遠州西楽寺に対して寺内統制の法度を下し、同国山梨郷（袋井市）の塔修理田を安堵した。さらに同日、鹿苑院《ろくおんいん》の梅叔法霖《ばいしゅくほうりん》が西芳寺《さいほうじ》再興のために、義元と雪斎に奉加を要求した書状を認めている〔戦今七一〇～七一二・静岡7一六三五〕。また、十一日には鋳物師《いもじ》への諸役・門次棟別・諸商売役等を免除した〔戦今七一三〕。

六月十七日には駿州瑞応庵に対し、諸役免除の文書が発給され、七月十二日には同庵に禁制が下された〔戦今七一四・七一五〕。両文書とも写であるため、本当に義元の文書かはっきりしない。たしかにこの時期、こうした文書を発せられるのは義元しかいないので、『静岡県史料』の推定も妥当と考えられるが、いまだに検討の余地が残されている。

七月以降十月まで、大きな問題もなく義元は駿遠両国に文書を出し続けた。寺院・被官への役の免許状〔戦今七一六・七二四・七二五〕や名職・寺領などの安堵〔戦今七二一・七二四〕、寺領の寄進〔戦今七二六〕や社務の命令〔戦今七二一・七二三〕などが確認できる。そのようなときに京都の公家日野《ひの》資将《すけまさ》が下向してきたので、御内書を得て、内裏の修理料を献上した〔戦今七一七・七一八〕。

十月十五日、義元は突然、三州東観音寺《とうかんのんじ》（豊橋市）に禁制を下している〔戦今七二七〕。当時、義元が三河へ軍事行動をとっていたようには見えないが、禁制は寺社側からの要求で発給される

東観音寺

駿河の皮商人を統制

ことが明らかとなっているため、遠三国境付近の今川軍が、東観音寺周辺の地域勢力（＝戸田氏とも考えられるが）と緊張関係に入った可能性を示唆している。

なお、十二月十三日に孕石光尚が、駿州足洗郷内の知行田数目録等を書き改めている［戦今七三二］。光尚は、天文八年五月二十七日にも孕石氏の相伝していた知行分の坪付を書き上げている［戦今六二六］。

天文十三年（一五四四）

義元は二月、井出尾張守と大沢治部少輔に、安堵状を発給した［戦今七三二・七三三］。十九日には朝比奈弥次郎（泰能とされている）に遠州万石の六郎左衛門屋敷の棟別を免許していたところ、今度は五間分の諸役も免許することにした。棟別の免許は「信州衆が攻め込んできたとき」からとあるため、永正六年以前とも考えられる。三十日には興津信綱に、駿河・遠江両国当知行分を安堵し、増分はその分の奉公を勤めさせるようにした［戦今七三一〜七三五］。

三月七日には佐野孫四郎に、土地の替地を開発地として与え、四月二十七日には大井掃部丞に対して、他国へ皮を売らせないよう皮商人の統制を図っている［戦今七三七・七三九］。

六月十八日、義元は遠州立野村（豊田町）の百姓職と牛嶋（同）の荒野を後藤真泰《さねやす》に与え、九月二十四日には見付八幡社領を安堵した［戦今七四一・七四六］。同月二十八日には、養父の海老江六郎右衛門尉の跡職を弥三郎に安堵している［戦今七四八］が、その中で伊豆国那賀郷の米一二八俵も義元が安堵していることは今川氏の領域として那賀郷が含まれる可能性もあって注目される。

十月九日、遠州極楽寺を不入として認め、棟別諸役の免許を東陽院に伝えた。さらに十六日には鈴木庄左衛門に、駿州富士浅間社の行甚《ぎょうじん》大夫の遺領を安堵した。また二十八日になると、敵が攻め込んできて佐野孫四郎が忠節に抽んでたため、棟別一〇間の諸役を免許した［戦今七四九～七五二］。佐野の拠点等を考慮すると、この戦功は第一次河東一乱後の諍いだろう。

十一月二十日、義元は駿州北山本門寺学頭らに勝訴の裁許を言い渡し、二十九日には駿州龍津寺の龍波《りゅうは》が住持職等を相承する旨、了承した［戦今七五七・七五八］。

閏十一月二日、昨年百姓等の扱いについて印判状を受給していた井出尾張守に対して、義元は百姓らを味方に引きつけるよう命じ、今後の戦功も期待している。これも十月の佐野宛の文書と同様、北条氏との小競り合いによるものと思われる。

同月十三日には駿州清水寺に役の免許を伝え、二十八日には興津信綱に駿・遠両国の当知行分を安堵した。さらに十二月六日、駿州東光寺領について、伊与山伏に寺領等を安堵した［戦今七六〇～戦今七六三］。

ところでこの年、連歌師の宗牧《そうぼく》が京都から東国に向かい、十二月十二日に遠江国、その後駿河を通過して翌年二月に伊豆へ入った。その間、駿河府中で義元と対面もしているが、伊豆へ

頭陀寺

将軍義輝、河東一乱の停戦呼びかけ

向かう途中で宗牧が今川領国と北条領国との境目に船で移動した際には、駿河勢がかなりの臨戦態勢で臨んでいたと記されている〔静岡7一七一六〕。

天文十四年（一五四五）

前年の小競り合いがあったからか、年が改まって以降、領国内で今川氏は禁制を発している。正月二十五日に駿州静居院《じょうごいん》（島田市）に宛てて、さらに二月十五日には、『静岡県史料』第五輯では発給者が不明ながらも、遠州頭陀寺に対して禁制を下している〔戦今七六六・七六八〕。特に頭陀寺宛の禁制は、杉の木札で今川家のものとされ、氏親・氏輝・義元三代の右筆とされる人物の裏書が記されているという〔戦今七六九〕。

そうした情勢下で義元は、正月二十六日、遠州龍源寺に対して同国新庄地頭方堀野を安堵し、国役や諸役等も免許している〔戦今七六七〕。

三月二十六日以前には聖護院門跡道増《しょうごいんもんぜきどうぞう》が東国へ下向する途中、駿河府中に立ち寄った〔静岡7一七三〇〕。これは、将軍義晴が河東一乱の停戦を呼びかけるとともに、後奈良天皇の般若心経を奉納するためであり、特に前者に重点が置かれていた〔山梨5下二六一二〕。この時期に義晴がなぜ停戦させようとしたのかは不明である。

道増は四月二日に甲府へ到着した〔高白斎記〕。彼は武田晴信に今川と北条両者の仲介を頼みた

武田晴信、伊那出兵の援軍を北条・今川氏に要請

近衛稙家、今川・北条の和睦を申入

かったようだが、信濃国伊那《いな》への出陣目前の晴信にその余裕はなかったらしい。道増の希望を余所に、今川・北条からそれぞれ三〇〇ずつの兵が、このころ晴信の伊奈出兵の援軍として甲府に到着している〔静岡7一七三七〕。六月上旬には上伊那の攻略はほぼ成功するが、交戦中であるにもかかわらず今川氏と北条氏は、なぜ共同で武田を支援したのか気にかかる。本格的な合戦が勃発していない段階で、武田からの軍兵の要請があったため、両氏ともに派兵したのだろうか。

その間の四月二十四日、今川氏の被官飯尾乗連は幕府の内談衆大館晴光に、贈答品の礼を述べ、すでに下国していた進士晴舎《しんじはるいえ》がまもなく上洛する旨を伝えている〔戦今七七四〕。五月二日、織田信秀は幕府の使者が東国へ下向するため、尾張の路次に便宜を図ったと晴光に伝えている〔愛知補一六九〕。加えて六月七日、近衛稙家《たねいえ》が今川氏と北条氏との和談の申入を行った書状を認めている〔戦今七七五〕。

進士晴舎が文書の通りに、四月下旬に上洛したかは不明である。仮に上洛したのであるならば、奉公衆が下向・上洛を行い、義晴の義兄稙家が和談の申入を行うなど、どうやら今川・北条間の和睦に対して幕府はかなり精力的に行動していたことが明確となる。

このように、道増を始めとした幕府勢は両者を取りもとうとしたようだが、結局失敗して道増は駿河国に戻った。七月七日には義元主催の歌会に参加し、十八日には彼も上洛の途につい

義元、駿州善得寺で晴信と起請文を交わす
義元、三島に出陣（第二次河東一乱）
義元、駿東を取り戻す
義元、黄瀬川を渡河

た［静岡7一七四〇］。こうした推移を見守った義元は、二十三日に臨済寺に寄ってから翌日の明け方に出陣し、善得寺に入って［静岡7一七四三］、晴信と連絡を取ったようだ。

七月二十六日には、須戸中里（富士市）の多門坊に宛てて義元が禁制を発給した［戦今七七六］。日下に太原崇孚雪斎の花押が据えてあり、一ツ書きの第一条目に印章（方形「義元」Ⅰ型）を捺しているため、雪斎が義元の意を奉じて発給していることが明らかである。

義元と連絡を取り合った晴信は、八月五日、駒井政武《まさたけ》・温井《ぬくい》丹波守を本栖《もとす》（上九一色村）に派遣して路次の確認を行った［高白斎記］。十日には駒井が晴信の意向として、善得寺で会見するという内容を、今川方の雪斎・高井（兵庫助カ）・一宮（出羽守カ）に伝えた。十一日に晴信と義元は善得寺で対面し、血判の起請文が交わされてその後に祝宴、十三日に晴信は甲府に到着した［静岡7一七四四］。八月中に義元は駿州吉原へ出陣し、北条氏と戦って三島まで攻め込んだ（第二次河東一乱）。そこで晴信が仲裁に入り、今川氏は駿河の河東地域を取り戻した［静岡7一七四八］。

九月十二日、晴信は本栖に本陣を構えると、十四日に北条氏康から書状が届いた。十五日には晴信が大石寺に着陣し、十六日には氏康が吉原城を自落させ、三島まで退去した［勝山記］。同日、晴信は馬見塚（富士宮市）の陣所で義元と対面、翌日には義元の陣所に留まり、十八日には今井見付（富士市）、十九日には千本松（沼津市）、二十日には岡宮の近所の原（同）へ陣を進めた。義元は二十日に長久保（長泉町）に陣を敷き、二十七日には黄瀬川を渡っている。

義元、北条氏と停戦

戦況は今川方が有利とされているが［静岡通史2］、それは後に北条氏が長久保城を手放すことを考えれば正しい。ただ、九月二十三日に葛山氏元《かつらやまうじもと》によって発給された駿州長久保城合戦における吉野郷三郎宛の感状［戦今七七七］は、防戦側の北条方の感状と理解しておいた方がよい。吉野郷三郎宛の義元の感状写［戦今七七八］は、氏元文書の誤写であろう。

十月になっても戦況は変わらず、二日に義元は駿州妙覚寺大善坊に禁制を発し、六日には武田氏が駿州普明寺《ふみょうじ》（裾野市）に禁制を下している［戦今七七九・七八一］。その一方で十月四日には義元が伊達藤三に対し、遠州諸井郷《もろい》（袋井市）の当知行分を安堵している［戦今七八〇］。この戦況における さらなる軍功を期待しての当知行安堵とも捉えられる。

一方の北条氏は、十月十日に氏康が鶴岡八幡宮に戦勝祈願の願文を奉納しており［戦今七八二］、何とか現状の打破を期待していたと思われる。十五日になると、晴信は北条の交渉窓口である桑原盛正《もりまさ》のもとに、板垣信方《のぶかた》・駒井政武らを派遣し［高白斎記］、講和を開始した。駒井は雪斎のもとを三度も訪れ、二十二日に停戦が決まった。二十四日に晴信に届けられた誓詞には、義元・氏康のほかに関東管領山内上杉憲政《のりまさ》の起請文も存在した。これは、憲政が後詰として長久保城の攻撃に関わっていたことを示していた［静岡7一七六三］。

十月二十九日、朝比奈泰能の陣所で今川・武田両氏が談合し、氏康が境目の城を取り立て、氏康が勝手に攻め込んできたこと、義元が今回の講和を破棄すれば晴信が駿河に出陣すること、一方、晴信は氏康を捨てて義元に同意することなどの三ヶ条を確認し、泰能・雪斎の判形が板垣・駒井へ渡された。十一月六日には北条氏も城を出て、八日には義元と晴信が、重要なことは互いに自筆でもって申し合わすとして、翌日、自筆の誓約書を交換した〔同〕。

その誓書を交換した当日、晴信は今川・北条両家との和睦について、松井貞宗に自身の心情を漏らしている〔戦今七八三〕。それには、北条氏と今川氏は血縁関係であり、両者の対立は寿桂尼の意向に沿うものではない。特に長久保城攻撃は、そのまま継続すると敵・味方ともに多数の負傷者・死者が出ることになる。となれば、北条領は他の領主たちに押領されるかもしれないし、たとえ氏康が死没しても、後々所領が減少してしまうかもしれない。だから晴信自身はこのように奔走したのだと述べている。

晴信が今川氏の被官松井に弁明しているのは、今川氏がこの和睦に不満だったためである。義元は三ヶ条の書状で氏康を非難し、武田氏との合意を得るようにしたが、それでも義元の不満を和らげることができず、松井にとりなしを頼んでいたように思われる。

こうして第二次河東一乱も終息を迎えた。十一月二十六日になると義元は駿州妙覚寺に、様々な役を免じ、さらに西光寺(沼津市)に対して河東一乱によって紛失した寺領安堵状を再発行し、あわせて禁制を下している〔戦今七八四〜七八六〕。

コラム　三河松平氏と駿河今川氏
——今川従属以前——

小林輝久彦

はじめに

駿河今川氏が三河侵攻を開始したのは、河東一乱が和談により収束した翌年の、天文十五年(一五四六)からである。それ以前の三河国との関係、とりわけ西三河の有力国衆である松平氏との関係については、史料が少なくてよく分からない。このため先学は「松平記」「三河物語」などの後世の編纂物の記述によって、その関係を説明してきた。しかし最近になり、これらの編纂物が、苦渋に満ちた幻惑の書であることが明らかにされてきている〔平野仁也「上ノ郷城合戦に関する考察―戦国の争乱と近世成立の史書―」(『上ノ郷城Ⅰ第1次～第5次発掘調査報告書』蒲郡市、二〇一二年)、村岡幹生「一五〇〇年前後の松平一族―岩津一門・大草一門・大給一門―」(『豊田市史研究』三号、二〇一二年)、拙稿「天文・弘治年間の三河吉良氏」(『安城市歴史博物館研究紀要』一九号、二〇一四年)〕。

本稿では、これらの編纂物の記述によらず、一次史料に基づき、天文十五年以前の三河松平氏と駿河今川氏の関係について整理することとしたい。

1　松平広忠の流浪と岡崎帰城、松平・水野同盟まで

「岡崎殿」こと、岡崎城主松平清康が死去したのは天文四年(一五三五)十二月五日のことである。これは嗣子広忠が、天文十六年(一五四七)に父の十三回忌供養をしているから間違いない〔『愛知県史資料編10中世三』愛知県、二〇〇九年、一六四九文書。以下『愛10―一六四九』と表記〕。清康の死後、その嗣子広忠は、叔父松平内膳正信定のために国外に追われ、諸国を流浪したという。その後駿河今川氏の後援を得た広忠を、松平家臣の多くが支持したため、天文六年(一五三七)六月に岡崎城に帰城することができたとされる。

しかし、広忠の発給文書を見ると、広忠が父清康こと「道甫」の安堵した三河国内の寺社領を、代替わり安堵するのは天文九年(一五四〇)三月になってからである〔愛10―一三五六・一三五七・一六八二〕。これ以前に、広忠が発給した文書はわずか二通であり〔『新編岡崎市史　中世2』岡崎市、一九八九年、新行紀一氏執筆分六八八頁表3―15〕、いずれも写しである。前者は天文六年十月二十三日付の判物で「今度入国之儀」と記されているため、従来は、これ以前に岡崎帰城が成就したものと解釈されてきた〔愛10―一三〇三〕。しかし素直に読めば、「入国」とは三河入国と解釈すべきで、これをもって岡崎に入城したとまでは読めない。また後者は、曽祖父道閲との連署寄進状であるが、道閲の諱を「長親」と表記している〔愛10―一三一〇〕。先学の研究のとおり、道閲の諱は「長忠」が正しい〔平野明夫『三河松平一族』新人物往来社、二〇〇二年、一六三頁〕。さらに若干十四歳の広忠が、道号である「道幹」と署名するなど、この文書には疑問がある。

こうしてみると、広忠は代替わりの安堵状を発給した、天文九年三月の少し以前に岡崎に入城して、「岡崎殿」となった、と理解するのがもっとも自然である。これは、前年の十一月に叔父信定が死去していることと連動しているものだろう〔『新編安城市史5資料編古代・中世』安城市、二〇〇四年、四七四・四七五文書〕。つまり清康死後に岡崎城に入り、「岡崎殿」に就いた信定が死去してしまったので、曽祖父道閲も、ここに至り清康の嗣子広忠の「岡崎殿」

家督継承を認め、岡崎に入城させたということだろう。

同年の、遅くとも十二月には「安城乱」[愛10―一三九二]、すなわち尾張織田氏の三河侵攻が開始された。これは清須守護代織田氏と友好関係にあった信定に替わり、駿河今川氏の影響下にある広忠が「岡崎殿」に就いたことに対する、尾張織田氏の反発行動とみてよいだろう。尾張織田氏の有力者である勝幡織田氏当主の弾正忠信秀は、その翌年の天文十年(一五四一)に、朝廷に奏請して「三河守」に任官され、三河支配の意思を明確なものとした[愛10―一四二一]。

これに対して広忠は、同じ年に、尾張・三河国境の小河(知多郡東浦町)の国衆水野妙茂(忠政)の女を娶り、同盟を締結することで、尾張織田氏に対抗しようとしたとされる。この婚姻を直接語る史料はないが、翌十一年(一五四二)に竹千代ことのちの徳川家康が誕生し、その生母が水野氏であることも争いのない史実であると思われるので、松平・水野同盟もあったものとみてよいだろう。

2　東三河分割案と松平信孝の国外追放及び水野氏との同盟解消

天文十五年、駿河今川氏が三河に侵攻するにあたり、牛久保(豊川市牛久保町)の国衆牧野保成は、今川氏に味方するのと引き換えに、名字の地である今橋の回復を求めたが受け入れられなかった。このため保成は同年九月二十八日になって、五ヶ条の条書を提出し、さらなる旧領の回復と新知行の宛行を要求した[愛10―一五七八]。この条書には十一月二十五日付で、駿河今川氏部将の太原雪斎、朝比奈泰能及び同名親徳の裏判が据えられており、そこには次のように記されている。

此五ヶ条之内一ヶ条を除四ヶ条之事者、先日松平蔵人佐・安心軒在国之時、屋形被遣判形之上、不可有別儀候、

尚只今承候間、我等加印申候者也、

ここに登場する「松平蔵人佐」とは広忠の叔父で、三木松平氏の信孝であり［愛10―一四四六］、「安心軒」とは、瓦礫軒とともに水野十郎左衛門の取次を勤めた人物である［愛10―一五二四・一五二五］。十郎左衛門の人物比定には議論があるが［高木庸太郎氏は、十郎左衛門を小河水野氏の信元あるいは刈谷水野氏の信近に比定する。「水野信元と水野一族の動向について」『第2回松平シンポジウム三河逆心―桶狭間以前の10年間―』基調報告レジュメ集、二〇一一年］、小河水野氏の信元の初名であるという説を支持したい［横山住雄『織田信長の系譜―信秀の生涯を追って』教育出版文化協会、一九九三年、一三三頁］。

また「先日」の解釈は難しいが、信孝が駿河に「在国」して駿河今川氏に出仕していたというのだから、彼が天文十二年(一五四三)六月以前に広忠と対立して、その結果国外追放されるより前のことを指すのであろう［愛10―一四八五、一四八六］。そして通説では、広忠が妙茂(忠政)女を実家に送り返して、小河水野氏と断交したのも同年のこととされている。この条書の下段には、長沢(豊川市音羽町)が敵対した場合の、その所領宛行が要求されていた。さらに通説では当時長沢は、松平一族の長沢松平氏の支配する地であったとされる。その割譲が保成から要求されたため、信孝と信元は広忠の代理人として、この東三河分割案ともいうべき条書の協議に参画したのだろう。

しかし長沢割譲は、松平一族及びその重臣らに受容されず、信孝は広忠に追放され、信元は広忠との同盟を解消した。つまり信孝の追放と小河水野氏との断交は連動していたのである。このような混乱で、三河国内は動揺したものと思われる。同年十月十五日、義元は東観音寺(豊橋市小松原町)に禁制を与えているが、このとき実際に、義元に具体的な三河派兵の兆候が見られたため、東観音寺が取った措置であろう［愛10―一四九五］。

おわりに

天文十五年に入り、今川氏の三河侵攻が現実的なものになった。広忠は改めて長沢の割譲につき、長沢松平氏と協議したものとみえる。同年三月十日付で広忠は、長沢松平一族と思われる、長沢孫三郎に新地東端（安城市東端町）を宛行っている〔愛10―一五七〇〕。これは広忠に同意して長沢を退去した、孫三郎に対する恩賞であろう。しかし同年十一月、長沢松平氏宗家は駿河今川氏と敵対することに決し、これを聞いた保成は、長沢の替地宛行の一条を削除した。

今川勢の今橋攻撃を聞いた、広忠の側近岡部慶度は、同年十月三十日付けの書状の追而書の中に

駿河衆至今橋とりかけ候、今日迄させる行なとも候ハす候、味方中堅固被申付候、

と書き付けた〔愛10―一五八二〕。義元の「三河被属御本意」〔愛10―一七四三〕とは、長沢城に留まらず「西三河猶一篇」〔愛10―一五七八〕まで及ぶものであった。広忠とその家中は、その真意を測りかね、疑心暗鬼の中で駿河今川氏の三河侵攻を迎えたのである。

〔追記〕　本稿の脱稿後に平野明夫氏の論稿「家康は、いつ、今川氏から完全に自立したのか」〔『家康研究の最前線　ここまでわかった「東照神君」の実像』洋泉社、二〇一六年〕に接した。その中で平野氏は、信孝と安心軒が駿河に在国した時期を天文十五年ころに比定され、「信孝が織田・今川連携の仲介者で、その調停のため駿府にいた」との仮説を提示されている。この年代比定が、「先日」の最も素直な解釈であることは言うまでもない。しかし保成がこの条書を認めた途中まで「長沢」の敵対はいまだ明確なものでなく調停中であったことは、条書の内容から明らかである。そうであれば、天文十五年当時、すでに広忠と対立関係にあった信孝が「長沢」との調停に関わったとは考えにくいのではないだろうか。

天文十五年（一五四六）

前年に河東地域の奪還を果たした今川氏は、この年以降、三河侵攻を本格化させる。

その三河では、三月十日、三州岡崎（岡崎市）の松平広忠《ひろただ》が、長沢（豊川市）の松平孫三郎に対して等閑なき旨を謝し、東端《ひがしばた》郷内長福寺《ちょうふくじ》領（安城市）を与えている［戦今七九三］。叔父松平信孝《のぶたか》との対立がその背景にあろう。

四月、河東一乱において今川方に帰参した葛山《かずらやま》氏元は、七日、冷泉《れいぜい》為和に対し、歌道入門の誓詞を呈している［戦今七九六］。駿府社交界復帰への布石であろう。氏元は、二十二日には吉野郷三郎に兄孫九郎の、二十六日には後藤修理助に西修理進の、それぞれ跡職《あとしき》を宛行《あてが》っており［戦今七九七・七九八］、自身の支配領域における戦後処理も進めていた。

六月十五日、三河の長興寺《ちょうこうじ》・龍門寺《りゅうもんじ》・伝法寺《でんぽうじ》（いずれも田原市）宛に、軍勢狼藉停止の今川家制札が下されている［戦今八〇二］。戸田氏の根拠田原《たはら》（同）の膝下において、すでに今川軍襲来が危惧されていたようである。

今川氏は三河出兵に先立ち、牛久保（豊川市）の牧野保成《やすなり》と接触している。保成に宛てた八月二十九日付太原崇孚《たいげんそうふ》（雪斎）書状［戦今八三八］が現存する初信であるが、すでに両度書状を送進した旨が記されており、交渉はこれ以前に遡る。同書状では、「弾（戸田宗光《むねみつ》カ）」「橘（同宣光《のぶみつ》カ）」

今川氏の三河出兵目的

が今橋（豊橋市）に入城すれば現地調達が困難になるとして、兵粮を遠州尾奈《おな》（浜松市）・日比沢《ひびさわ》（同）まで届けるとしている。あわせて、遠州引間《ひくま》（同）の飯尾乗連《いのおのりつら》と同国井伊谷《いいのや》（引佐町）の井伊次郎の、三州西郷《さいごう》谷（豊橋市）への着陣予定を伝えている。以上から、今川軍は本坂《ほんざか》峠越を想定していたようである。井伊次郎は、直前の八月二十四日に、遠州祝田《ほうだ》（細江町）の百姓の脇者《わきのもの》・下《げ》人《にん》が別に主《しゅ》取りすることを停止する判物を下している井伊直盛《なおもり》であろう〔戦今八〇三〕。

九月二十五日、駿州富士上方の久遠寺《くおんじ》（富士宮市）は、十年来の大破からの再興のため、領主富士九郎次郎から諸役免除の判物を下された〔戦今八〇五〕。さらに二十九日、義元からも同様の判物を得ている〔戦今八〇七〕。一見、義元が九郎次郎判物を追認したごとくであるが、やはり二十九日付の朝比奈親徳《あさひなちかのり》奉書によれば〔戦今二七一〇〕、久遠寺や安房妙本寺（千葉県鋸南町）からの訴訟をうけ、今川氏が九郎次郎に働きかけた結果であることが知られる。

九月二十八日、牧野保成は、雪斎・朝比奈親徳・同泰能《やすよし》の三者に宛て、今後の知行割等について五ヵ条を申し入れた〔戦今八〇六〕。第一条で、今川氏が「西三河」を平定したうえ、今橋・田原をも制圧した暁には、豊川以西の戸田氏知行分を一円給付されたいとする一方、第二条では、戸田氏の帰参も想定されている。ここから、今川氏の出兵の眼目は西三河にあり、戸田氏の軍事的制圧は副次的であったことがうかがえる。保成はあわせて、長沢松平氏が敵対した場合に、その跡職給付を求めている（第三条）。前述のごとく広忠派であった長沢松平氏の去就は、

雪斎、今橋攻撃を統括、同城陥落

犬居城からの眺望

この時点では不分明であった。

十月十六日、さらに牧野保成は雪斎・朝比奈親徳に宛て、新知・本知の不入や家中支配権、知行の一円化に関する三ヵ条を申し入れた〔戦今八一一〕。第三条は前月の申状第一条の再確認であり、このころには、すでに戸田氏との一戦は不可避とされていたのだろう。松平広忠の右筆岡部慶度《けいたく》は三十日付の書状で、すでに今川勢が今橋を攻囲しているが、特段の攻撃はなされていない旨を記している〔戦今八一二〕。

遠州犬居（春野町）の天野景泰《かげやす》は、十一月十五日辰刻に今橋の外構えを乗崩《のりくず》し、不暁には宿城に乗り込み頸七つを挙げたとして、義元から感状をたまわっている〔戦今八一四〕。また、前述の九月二十八日付保成条目は、雪斎・朝比奈親徳・同泰能による裏書と証判のうえ返進されているが、両者はともに十一月二十五日付である。雪斎は二十三日、冷泉為和と歌会を催しており〔為和集〕、このときすでに駿府にあった。雪斎は十二月十四日付で、今橋攻城中に内通した野々山甚九郎に対して三州細谷郷（豊橋市）の給付を約諾しており〔戦今八一五〕、雪斎が今橋攻略を統括する立場にあったことが知られる。その雪斎の帰国は戦後処理のためとみるべきであり、十五日からほどなくして、今橋は陥落したのであろう。

なお、保成条目の裏書によれば、保成には義元判物が下されたが（現存せず）、それには松平信孝や三州苅屋（刈谷市）の水野氏が関与したようである。さらに、広忠派の長沢松平氏は結局、今川氏に敵対したという。今川氏の三河出兵の主眼は、西三河において広忠と対立する信孝・水野氏の支援にあり、広忠は今川氏の討伐対象だったのである。

天文十六年(一五四七)

前年来の三河侵攻の構図は、この年、大転換を迎える。

正月、駿州河東の葛山氏元は、冷泉為和から、藤原定家自筆本を模写した『伊勢物語』の写本を授与された[戦今八一八]。氏元はこの年、六月、閏七月、八月と、駿府の自邸に為和を頻繁に招いている。氏元はいまだ、三河への参陣をまぬかれていたようである[為和集]。

二月二日、河東一乱時に紛失していた富士大宮(富士宮市)の神宝刀が発見され、甲斐の穴山信友《のぶとも》がこれを奉納しているが、その際、義元の判物も添えられたようである[戦今八二一]。

同月三日、義元は野々山甚九郎に対し、三州細谷(豊橋市)代官職等を宛行っている。これは、雪斎による前年の約諾が履行されたものである[戦今八一五・八二二]。

四月二日、寿桂尼《じゅけいに》は瑞光院に対し、駿州内谷《うつたに》(岡部町)の寺領について長慶寺《ちょうけいじ》(藤枝市)方との山境を定めている[戦今八二六]。義元の家督相続以降、寿桂尼朱印状の初見となる。

六月十三日、今橋城下牛頭天王《ごずてんのう》社の神輿《しんよ》が造立された。棟札《むなふだ》には、大旦那として義元がみえ、雪斎が花押を据えている[戦今八二八]。今橋は、今川氏の勢力下に収められつつあった。

臨済寺（賎機山より）

岡崎（岡崎市）の松平広忠は、六月六日、叔父松平信孝から離反した鳥居仁左衛門に恩賞を遣わすなど〔戦今八二七〕、対決姿勢を崩していなかった。これに対し七月八日、遠州犬居（春野町）の天野景泰は、三州医王山《いおうやま》（岡崎市）普請《ふしん》の功労を賞され、あわせて義元は、近日中の出馬を告知している〔戦今八三〇〕。もっとも、前年に三河侵攻軍を統括した雪斎は、三日に冷泉為和を臨済寺（静岡市）に招いており、いまだ駿府にあった可能性が高い〔為和集〕。あるいは、雪斎は義元の出馬に随行する算段であったのであろうか。二十八日、天野藤秀《ふじひで》は、本領犬居山中《やまなか》の当知行安堵と、宇奈（春野町）代官職の宛行をうけている〔戦今八三二〕。三河侵攻を通じて、犬居天野氏は今川氏への従属の度を深めていった。

閏七月二十三日、形原《かたのはら》（蒲郡市）松平氏の家広《いえひろ》は、竹谷《たけのや》（同）松平氏の清善《きよよし》に対して、本領復帰への尽力を謝し、平地《ひらち》（岡崎市）のうちを遣わしている〔戦今八三四〕。平地は、両者の根拠地からは距離を隔て、むしろ岡崎に近い。あるいは家広は、広忠と対立して逐われ、今川軍の侵攻に乗じて所領を回復し、その一部を清善に譲渡したのではなかろうか。

今川軍には、山家三方《やまがさんぽう》の一、三州作手《つくで》（新城市）の奥平《おくだいら》氏も服属していた。八月二十五日、医王山普請の報償として、仙千代（定能《さだよし》）とその叔父久兵衛尉に対し、同国山中（岡崎市）が新知行として与えられた〔戦今八三六〕。山中は松平広忠の所領であり、いわば闕所地《けっしょち》として処分されたことになる。山中七郷に対しては、九月二日、前年以前の借物につき、敵方からの分を破棄する

松平広忠、今川に降服

今川氏、尾張の織田信秀と連携

田原本宿の合戦

一方で、当年貢の確実な弁済が命じられている［戦今八三九］。この借物とは、おもに広忠方への年貢等の未進分であろうか。注目すべきは、敵筋の者をただいま免許したとあることである。この時点ですでに、広忠は今川氏の軍門に降っていた。

広忠に降伏を余儀なくさせたのは、今川軍の急迫のみではなかった。今川氏は、尾張の織田信秀と連繋していたのである。時期は不明ながら、信秀はこの年に三州安城《あんじょう》（安城市）を攻略しており［戦今八六六］、東西からの圧迫に、広忠はついに耐えかねたのである。

広忠を屈服させ、所期の目的を果たした今川軍は、次なる方針を三州田原（田原市）攻略に定めた。五日に田原本宿にて合戦があり、天野景泰の手負注文には二〇名が書き上げられている［戦今八四〇］。うち一四名が弓矢による負傷で、鑓傷五名、刀傷一名という内訳である。戦国期の東国における、数少ない手負注文の事例である。景泰の軍功は十日、雪斎を通じて義元に披露された［戦今八四一］。当座として手負注文に義元の証判が加えられ、感状は追って遣わされるという。景泰と遠州二俣（天竜市）の松井宗信《むねのぶ》の高名は抽んでていたらしい。義元の感状は、十五日付の景泰、同虎景《とらかげ》、松井惣左衛門宛［戦今八四五・八四六・八四三］、景泰宛にはさらに二十日付［戦今八四七］が遺されている。

従来、この戦闘をもって田原落城とされてきたが、近年では、この合戦は今川方の敗北とされており、以後、数ヵ年にわたって戸田氏は抵抗を示している。松井宗信はこのとき、敗走す

松平信孝離反、織田氏と決裂

る友軍を支えて、敵を城内に押し返す軍功を示したという［戦今一六一五］。十日時点で義元と雪斎がいずれにあったか明確ではないが、雪斎が同日、駿州永明寺《ようめいじ》（沼津市）に偈頌《げじゅ》していることからすれば［戦今八四二］、両者はすでに、駿府に帰陣していたのであろうか。

しかも今川氏はこのとき、さらなる危機に直面していた。松平信孝の離反と、織田氏との決裂である。信孝は織田信秀と同心し、大平《おおひら》・作岡《つくりおか》・和田《わだ》の三城（いずれも岡崎市）を取り立て、松井宗信は医王山に拠ってこれに備えたという［戦今一六一五］。一方、信秀は、九月中旬ころには京都にあったが、三河一国を管領し、広忠も降参させたと喧伝していたらしい［戦今九六五］。あるいは、田原城下にまで迫った今川軍が一転敗走を余儀なくされたのは、信孝の離反に動揺したためであろうか。ここに、今川氏と織田氏との衝突は不可避となった。

牛久保（豊川市）牧野保成の、この間の動向をみておこう。八月二十六日、保成は雪斎から近日出馬の報を得ている［戦今八三七］。雪斎は、世谷口（未詳）普請を慰労するとともに、同地と長沢（豊川市）への人数派遣を、「田原一途」までとして要請している。しかしこのとき、保成には深刻な猜疑《さいぎ》が向けられていたらしい。雪斎は、「両人（松平三助・山田源助カ）」の「長辺（長沢カ）」派遣は念のためであり、義元や雪斎、朝比奈親徳らは保成に別儀ない旨をあえて弁明している。すでに今川軍は、疑心暗鬼に陥っていたようである。

敗戦後の九月十六日、朝比奈泰能は保成に対し、長沢城への駿遠衆の在城を申し出たことを神妙とし、三河にある雪斎と諸事談合すべしとしている［戦今九六二］。その雪斎は十九日、遠州引間（浜松市）の飯尾乗連と連署して、まず保成の血判をもってする忠節の誓約を賞し、さらに長沢城の件を祝着としたうえで、松平三助・山田源助の両人は、保成の仲介によって帰参したものであるから、同陣するよう求めている［戦今九六四］。ここから、雪斎が三河の混乱を鎮めるべくただちに前線に戻っていること、さらに保成が、長沢城をなかば放棄せざるをえなくなった状況がうかがえる。これらの対処を施した雪斎は駿府に帰国し、同月晦日には、冷泉為和が雪斎の新邸で発句を詠んでいる［為和集］。

情勢が激変するなかで広忠は、十月二十日、織田方の松平忠倫《ただとも》を殺害した筧重忠《かけいしげただ》を賞している［戦今八五一］。また、十二月五日、父清康《きよやす》の十三回忌のため、大樹寺《だいじゅじ》（岡崎市）に寺領を寄進している［戦今八五七］。ともかくも広忠は、岡崎の領主として生き延びたのである。

十一月十三・十四日、天野景泰宛に、義元側近の飯尾元時《もとときき》と雪斎の書状がそれぞれ認められた［戦今八五二・八五三］。元時は、今橋・田原における軍忠への感状について報じているが、被官衆への感状も宛所を景泰とするとしており、家臣団編成の観点から興味深い。雪斎も同様に景泰の粉骨に謝す一方、義元の社参中により申請が遅滞した旨を弁明している。景泰はこのとき三河に残留していたが、その在番先は不明とせざるをえない。対して雪斎は、駿府にあったようである。なお、今橋はこのころに吉田と改められているが、元時が依然として今橋と称しているのに対し、雪斎は吉田を用いている。管見の限り、この雪斎書状が吉田の初見となる。

天文十七年（一五四八）

奥平久兵衛尉謀反

正月二十六日、三州作手（新城市）の奥平定勝は、弟久兵衛尉の謀反を報じ、人質として子息仙千代（定能）を差し出した忠功を賞され、知行を安堵された〔戦今八六〇〕。前年、当主定勝ではなく久兵衛尉と仙千代に山中（岡崎市）が宛行われたのはおそらく、久兵衛尉のほうが岡崎（同）侵攻に積極的であったためであり、それだけ、久兵衛尉は松平信孝に近かったのであろう。

二月十五日には、本田縫殿助《ぬいのすけ》が、三州伊奈《いな》（豊川市）以下の知行分を安堵されている〔戦今八六三〕。伊奈は本来、牛久保（同）牧野保成に与えられるべき地であった〔戦今八〇六〕。今川氏の三河戦略は、大幅な再編を余儀なくされていた。

尾張の織田信秀は、今川氏の後背を扼すべく、相模の北条氏康に連繫を求めた。その返進が三月十一日付であり、氏康は、今川氏とは停戦状態にはあるものの、疑心を向けられ困惑している旨を伝えている〔戦今八六五・八六六〕。

今川氏輝十三回忌

三月十七日、今川氏輝の十三回忌法要が、駿州臨済寺（静岡市）において挙行された。京都より大休宗休《だいきゅうそうきゅう》が招請され、導師《どうし》を務めている。大休宗休は四月に臨済寺に入寺し、このころ、義元に「秀峰宗哲」の法名を授けている〔円満本光国師見桃録〕。京都への帰着は五月七日であった〔言

小豆坂合戦で今川氏勝利

摩訶耶寺庭園

継卿記」。

この法要に際して、臨済寺の事実上の創建者たる太原崇孚（雪斎）は三河にあった。三月十九日、いわゆる小豆坂《あずきざか》（岡崎市）の合戦が勃発する。同合戦に関しては、三月二十八日付（西郷弾正左衛門尉宛）「戦今八六八」、四月十五日付（松井惣左衛門宛）「戦今八七〇」、七月一日付（朝比奈信置宛）「戦今八七三」、天文二十一年八月二十五日付（岡部元信宛）「戦今一一〇六」の義元感状が遺る。合戦は今川方の勝利に帰し、信秀は子息信広を安城に置いて、自身は帰国したという「三河物語」。

七月二日、岡部常慶《じょうけい》は、今川氏親の菩提寺増善寺に対して什物等を寄進し、十七日、義元が証判を加えている「戦今八七四」。常慶によれば、氏親の代に料所の駿州藪田（藤枝市）と常慶知行所の高田（同）との相論があり、結局、係争地は不作地とする裁定が下されたが、氏親没後には増善寺に寄進され、氏輝の承認も得ていたという。在地紛争への今川氏の介入のあり方を示す、興味深い事例である。

八月、遠州大福寺（三ケ日町）では田地注文が作成された「戦今八七六」。十二月二十三日には、近隣の浜名《はまな》神戸《かんべ》内摩訶耶寺《まかやじ》（同）が寺領・門前の諸権益を安堵されているが「戦今八八六」、そこには検地増分が含まれている。大福寺の田地注文も、今川氏の検地に関わって作成されたものであろう。

九月二十一日、三州東観音寺《とうかんのんじ》（豊橋市）は、寺領以下の守護使不入を安堵された「戦今八七八」。

十一月十九日には、同国太平寺(同)が寺領と諸公事《しょくじ》等を安堵されている[戦今八八〇]。十二月二十日、大村綱次《つなつぐ》は、田原(同)を包囲する付城《つけじろ》への去年来の在陣を賞されている[戦今八八四]。戸田氏攻略は、大詰めを迎えようとしていた。

天文十八年(一五四九)

義元、従四位下叙位

二月十三日、今川義元は、従四位下叙位の礼銭等を朝廷に献上した[静岡7一九二一]。同月二十八日、駿州真如寺《しんにょじ》(沼津市)が寺領等を寄進されている[戦今八八九]。真如寺の前身が、興国寺(同)敷地の城郭化によって断絶したことによる措置という。興国寺城は、一般的には伊勢宗瑞《そうずい》(北条早雲《そううん》)の最初の居城として著名であるが、同時代史料では、これが初見となる。

三月六日、三州岡崎(岡崎市)の松平広忠が死没したという[愛知10一六八〇]。病没とも、暗殺されたとも伝わる。主なき岡崎の確保は、今川氏には焦眉の急となった。

今川氏、田原制圧か

三州田原(田原市)周辺では、同月十二日、長興寺(同)が禁制と寺領安堵の判物を下された[戦今八九三・八九四]。七月一日、大村綱次は、従前の切符による知行に代えて、渥美郡七根《ななね》の小嶋村(豊橋市)を宛行われた[戦今八九七]。七日には、太平寺の寺領目録が雪斎によって作成されている[戦今八九八]。このころには、すでに田原制圧がなっていたのであろうか。

八月一日、甲斐の武田晴信は、駿河からの合力衆《ごうりき》の荷物につき、伝馬《てんま》の供出を甲斐国古関《ふっせき》

駿府浅間社の役銭賦課体制整備

今川氏、三州吉良荘に侵攻

（山梨県甲府市）等に命じている〔戦今八九九〕。同年とみられる同月十二日付の晴信書状によれば、晴信は今川方の一宮元成《いちのみやもとなり》との談合のため、同国坂本（同南部町カ）に赴いている〔戦今九〇三〕。軍事同盟に基づき、今川軍は武田領国にも出陣していたのである。

同月七日、駿府浅間社《すんぷせんげんしゃ》（静岡市）の流鏑馬銭《やぶさめせん》をめぐる相論に対して、「清断（神判カ）」に基づき、同社による徴収を認める裁許が下された〔戦今九〇一〕。十一日には同社の詳細な社役目録が作成され〔戦今九〇二〕、二十三日、目録どおりの社役の徴収が同社の村岡彦九郎に命じられている〔戦今九〇四〕。領国の精神的支柱たるべき同社の興行、とくに流鏑馬神事の役銭賦課体制の再建が、大きな課題となっていた。

九月、今川氏は三州吉良荘（西尾市ほか）に侵攻する。五日、雪斎筆になる矢文《やぶみ》が西尾城内に射込まれた〔戦今九〇七〕。矢文は、今川氏の渡《わたり》・筒針《つつばり》（ともに岡崎市）や中嶋（西尾市）攻撃に際する吉良氏の不穏な対応を糾弾する一方、これは当主義昭《よしあき》の本意ではなく、外戚後藤平大夫の奸謀であろうとする。十日と十二日には、雪斎以下の連署による禁制が城下の無量寿寺《むりょうじゅじ》に下された〔戦今九〇九・九一〇〕。両者はほぼ同文であるが署判者に相違があり、そのうち遠州引間（浜松市）の飯尾乗連は、後者では荒河（西尾市）に転進したために花押を据えていない。荒河には幡鎌《はたかま》平四郎も在陣しており、十八日、平四郎は、安城（安城市）包囲のために桜井（同）に向かうところで遭遇戦となり、その戦功で感状をたまわっている〔戦今九一二〕。戦火が安城へと拡大する一方、

安城城、陥落

竹千代、駿府に引き取られるという

雪斎上洛。甲斐の高白斎来駿

吉良では二十日、大村綱次が西条の端城《はじろ》で戦功を挙げている［戦今一〇五〇］。

十月二十七日、岡崎松平家中の阿部大蔵《おおくら》らは、天野孫七郎に対し、佐久間九郎左衛門斬殺の恩賞を与えている［戦今九一三］。この九郎左衛門は、一説に松平広忠暗殺の張本ともされる。

十一月、今川軍は安城城を陥落させる。その日付は明確ではないが、このとき織田信秀の息信広が虜囚となり、これとの交換で、織田氏のもとにあった竹千代（のちの徳川家康《いえやす》）が駿府に引き取られたという［三河物語］。同時代史料からは、弓気多《ゆげた》七郎次郎が八日、安城城の大手一木戸を焼き崩している。七郎次郎は続けて上野（豊田市）へと向かい、二十三日には南端城、ついで本城の門際で奮戦している［戦今九二六］。このとき遠州犬居（春野町）の天野景泰は、雪斎の指示により、後詰に備えるべく同国井伊谷（引佐町）の井伊直盛とともに安城に残留している［戦今九二二］。織田方への対応であろう。

天文十九年（一五五〇）

正月、太原崇孚（雪斎）は京都にあった。上洛時期は不明ながら、二十六日には、内裏《だいり》において歌会を主催している［言継卿記］。そのころ駿河では、甲斐の武田晴信からの使者として駒井高白斎《こうはくさい》が来訪していた。高白斎は二十二日に駿府に到着し、翌日に今川義元と対面、高白斎は二十七・二十九日に饗宴をうけ、二月二日に甲府に帰着、義元の回答を晴信に披露している。

今川・武田の交渉

雪斎、紫衣を勅許される

葛山城跡

この間、今川方の使者も甲府を訪れており、二十九日、晴信から太刀等を贈られ、晦日に帰路についている。なお、この使節には、嫡子氏真《うじざね》からも三浦正俊《まさとし》が派遣されていた。交渉案件は不明であるが、直後の二月二日、義元が河東興国寺（沼津市）普請を検分していることに鑑みれば、北条氏対策が眼目ではなかったか［高白斎記］。なお、四月晦日に阿野《あの》荘井出郷（同）の杉山惣兵衛が給恩を宛行われたのは、興国寺城番の申し出などを賞されたことによる［戦今九四二］。その防衛体制も整備されつつあった。

三月二十九日、雪斎は京都妙心寺の住持に就任、紫衣《しえ》を勅許され、翌日、謝礼のため参内《さんだい》している［言継卿記・御湯殿上日記］。雪斎の在京にかかるものであろう、四月二十日、駿州安倍梅ケ島（静岡市）において、棟別役《むなべつやく》が「京都御要脚」として臨時に賦課されている［戦今九四〇］。これに先立つ十五日、今川軍は三州衣《ころも》城（豊田市）周辺で麦薙をはたらき、これには東条吉良氏の合力も知られる［戦今九四一］。雪斎不在ながら、すでに戦火は加茂郡にまで及び、五月九日には、永源寺（同）に制札が下されている［戦今九四四］。

五月二十日、駿州葛山（裾野市）の葛山氏元は、武藤新左衛門に神山《こうやま》（御殿場市）政所《まんどころ》給を宛行っている［戦今九四五］。河東一乱以前には葛山氏の御殿場《ごてんば》方面進出は確認されず、一乱時の帰参に対する報賞として、今川氏から容認されたとみられる。

閏五月二十七日、駒井高白斎はふたたび駿府に来訪した。義元に嫁していた武田晴信姉

義元室（晴信姉）定恵院死去、義元息女死去

今川勢、三尾国堺に進出

（定恵院《じょうけいいん》）を見舞うためである。しかし、定恵院は六月二日に逝去〔高白斎記・武田家過去帳〕。先だっては、五月二十六日に義元息女（隆福院）も死没していた〔武田家過去帳〕（閏五月二十六日とも〔武田御日坏帳〕）。定恵院の訃報を甲府へ伝える使者は、即日駿府を出立、二十九日には晴信からの返事が示されている〔高白斎記〕。定恵院の葬儀は、京都より帰国していた雪斎らにより挙行された〔明叔録〕。

八月三日、駿州村山浅間社（富士宮市）の慶覚坊は、本所聖護院《ほんじょしょうごいん》の補任等に任せて、駿・遠両国の山伏道を統括することを認められている〔戦今九五七〕。領国の宗教政策に関わっては、九月二十八日、遠州頭陀寺《ずだじ》（浜松市）の千手院《せんじゅいん》が、三河における白山《はくさん》参詣の先達職《せんだつしき》について保証をうけ〔戦今九六七〕、十月四日には、具体的に吉田（豊橋市）・田原（田原市）・長篠（新城市）の所々が挙げられている〔戦今九六九〕。同月八日には、三州財賀寺《ざいかじ》（豊川市）の真如坊《しんにょぼう》が、牛久保領（同）・宇利《うり》郷（新城市）における同職を安堵されている〔戦今九七〇〕。さらに十一月九日には、三州桜井寺《さくらいじ》（岡崎市）が三河国内に有する同職について、千手院分を除いて安堵されている〔戦今九七七〕。ここに、三河における白山先達職の再編がなされたが、のちには、これが紛争の火種となる。

越中菩提心院《ぼだいしんいん》（富山市）日覚《にっかく》の聞き伝えるところによれば、今川氏が六万の大軍をもって三尾国堺に進出、しかし、織田信秀はこれをよく支え、今川軍の侵入を許さなかった〔戦今九七五〕。今川勢六万は誇大にすぎるにせよ、大規模な出兵であったらしく、従前よりその兆候が認めら

今川勢の尾張侵攻失敗

れる。すなわち、八月二十日、葛山氏元が植松藤太郎に宛行った知行は、尾張出陣の支度料であった〔戦今九五九〕。尾張では九月十七日、雲高寺《うんこうじ》(瀬戸市)が制札を下されており〔戦今九六三〕、同月二十七日、義元が伊勢御師の亀田大夫に宛てた寄進状にみえる「今度進発」も〔戦今九六六〕、やはり尾張出兵の意であろう。日覚書状は十月十九日付であり、両軍の衝突は十月上旬であったろうか。国堺の苅屋(刈谷市)に入城した今川軍に対し、織田軍は後方との通路遮断を図った。遠州二俣(天竜市)の松井宗信はこれを阻止すべく粉骨したが、宗信麾下の主だった者にも多くの戦死者があったという〔戦今一六一五〕。今川氏の最初の本格的な尾張侵攻は、かくて失敗に帰した。それでも、十二月一日、丹波隼人佐が、六月の三州福谷《うきがい》(みよし市)在城以来の馳走により、沓懸《くつかけ》(豊明市)ほか尾張国内所々を還付されている〔戦今九八九〕。

一方このころ、三州岡崎(岡崎市)では、大樹寺の保護政策が進展していた。同寺はすでに六月十三日、祈願寺として守護使不入と寺領安堵を認められていたが〔戦今九五二〕、十月十日、寺領・祠堂における徳政沙汰等を禁じる定書が下され、さらに、代官・百姓の年貢無沙汰の取り締まりが命じられている〔戦今九七一・九七二〕。そして十一月、同寺を勅願寺とし、その保護を今川氏に命じる後奈良天皇女房奉書が四辻季遠《よつつじすえとお》に宛てられた〔戦今九八三〕。季遠は十一月十七日付で、義元への取りなしを求める書状を雪斎宛に認めている〔戦今九八二〕。この年前半に雪斎が在京した目的の一端は本件にあり、西三河支配の安定に資することが期待されたのであろうか。

今川・織田の和睦

さらにこのころ、今川・織田両氏の和睦等につき、後奈良天皇女房奉書がやはり季遠に宛てられ、雪斎に勅書が遣わされた旨がみえる〔戦今九九四〕。この講和勧告は、いったん受容されたようである。敗戦直後の今川氏には、渡に船ではなかったか。十二月五日、義元は山口左馬助の服属を三州明眼寺《みょうげんじ》（岡崎市）らに伝えているが、苅屋水野氏について、織田信秀の懇望により赦免するとしている〔戦今一〇五一〕。山口氏と水野氏に、なんらかの係争点があったのであろう。今川・織田講和により、三尾国境の国衆間の対立について、両氏が共同で調停にあたる状況が現出していた。

同時期に岡崎周辺では、松平広忠旧臣の編成も進められた。十月、筧重忠が広忠からの給恩を安堵されており〔戦今九七三〕、十一月十三日、天野孫七郎は、松平竹千代（徳川家康）知行の大浜（碧南市）のうちを宛行われ〔戦今九七九〕、大浜では十一月十九日、長田《おさだ》喜八郎が前年に出し置かれた上宮神田を安堵されている〔戦今九八七〕。

十一月十三日、遠州犬居（春野町）三ヶ村に対し、法度が定め置かれた〔戦今九七八〕。百姓らによる今川氏への訴訟を遮断するもので、逃散《ちょうさん》・闕落《かけおち》など、百姓らの広範な抵抗に直面する領主天野景泰の支配を下支えするものであると同時に、天野氏領への今川氏権力の浸透を示すものである。

今川家諸宗礼式

十二月十一日、諸宗派に対して義元がとるべき礼式について、雪斎が定めている〔戦今九九〇〕。

今川氏親の菩提寺増善寺（静岡市）は各別とし、また、駿府浅間社・惣社（同）の神主の年始参礼日をとくに定めるなど、領国内寺社の序列化をも意識した内容となっている。

天文二十年（一五五一）

前年の尾張織田信秀との講和により、領国西方にも小康状態をえた今川氏は、このころより、駿州河東地域における諸寺社の再興・保護への注力が顕著となる。二月五日、村山浅間社（富士宮市）の三女坊は、河東一乱時に忠節を示した隆恵からの抱分譲与を承認された［戦今九九六］。十日には、富士大宮（同）の清長《せいちょう》が、同社の一和尚・御炊職《みかじきしき》を安堵されている［戦今九九七］。五月二十三日、寿桂尼は沼津妙覚寺《みょうかくじ》（沼津市）に対し、義元の判形に任せて畠・屋敷を寄進している［戦今一〇一一］。同寺は祈願所に準じ、諸役や検地も免除されている。

三月二十三日、甲州下山（山梨県南部町）の穴山信友は、客僧三〇人の通行許可を駿河口の諸役所に命じた［戦今参考16］。今川氏も一行のために、伝馬一疋の供出を駿遠三宿中に指示している［戦今一〇〇六］。同盟関係にある大名同士にあっては、領国をまたぐ伝馬ルートも構築されていた。一方で四月二十七日、京都南禅寺の東嶺《とうれい》智旺《ちおう》は、相模の北条氏康を訪問した帰途、駿府で太原崇孚（雪斎）に面会しているが、雪斎は、東嶺智旺の往返に便宜を図ったようである［戦今一〇〇九］。大名間の関係を超えて機能する、禅宗僧の人脈がうかがえる。

河東の諸寺社再興と保護

富士大宮浅間大社

六月十八日、駿府浅間社(静岡市)の村岡彦九郎は、同社および青山八幡宮(藤枝市)の流鏑馬神事の執行につき、指示をうけている[戦今一〇一五]。天文十八年に流鏑馬役銭賦課体制への梃子入れがなされたが、依然として未進が問題となっていたことがうかがえる。

六月二十八日、近江にあった将軍足利義藤《よしふじ》(義輝《よしてる》)は、今川氏と尾張織田信秀との停戦が破綻せぬよう義元に意見すべき旨、叔父近衛稙家《たねいえ》に依頼している[戦今一〇一七]。義藤は、美濃を逐われた土岐《とき》頼芸《よりなり》の復帰に、今川・織田両氏が協調してあたることを望んでいた。稙家は、七月五日付で義元宛書状の草案を認め、同日付で、雪斎、朝比奈泰能、遠州引間(浜松市)の飯尾乗連宛にも、義元への意見を求める書状の草案を作成している[戦今一〇一九～一〇二三]。

七月四日、遠州匂坂《さぎさか》(磐田市)の匂坂長能《ながよし》は、三州野田郷(田原市)代官職を宛行われている[戦今一〇一八]。これは同国長沢(豊川市)の在城料であり、普請等の差配が求められ、また、いずれ返上すべきものとされていた。前線への在陣が長期化するなかで、その体制化が図られていた。一方で、八月二十八日、由比《ゆい》光澄《みつずみ》は、旧借の破棄により借主からの知行請け戻しを認められ、今後の弁済方法と蒲原(清水市)在城について指示されている[戦今一〇三四]。また十二月十七日には、三浦平三が、父縫右衛門尉が今川氏に質入れしていた知行を返上したため、五ヵ年は切符による扶持とし、そののちには知行を新給恩として還付する恩典をうけている[戦今一〇五六]。財政破綻に直面する給人があいつぐなかで、今川氏は、戦力保持との均衡を計りつつ、その救済にもあたらざるをえなくなっていた。

七月二十六日、武田晴信舎弟信廉《のぶかど》が駿府に到着した〔高白斎記〕。「御前」を迎えるためというから、翌年の、晴信嫡子義信《よしのぶ》への義元女の輿入れにつながるものであろう。信廉は、北条氏からの使者遠山某とも対面しており、いわゆる駿甲相三国同盟に向け、下地は築かれつつあった。その一方で、八月二日、富士金山〔富士宮市〕に搬入する荷物について、甲州境目の封鎖をも想定しつつ保証する義元朱印状も下されている〔戦今一〇二九〕。

八月二日、佐々木〔岡崎市〕松平家の三蔵《さんぞう》は、兄忠倫跡職を宛行われた〔戦今一〇三〇〕。忠倫は松平広忠によって天文十六年に殺害されていたが〔戦今八五二〕、三蔵は天文十八年、山口内蔵と同意し、尾張の知行を捨てて今川方に奔った。三蔵は跡職一円を所望して岡崎の阿部大蔵と争っていたが、結局、その一部還付にとどまっている。大蔵はこの時期、十一月六日には内藤甚五左衛門の知行を安堵するなど、岡崎松平氏の当主権限を掌握していた〔戦今一〇四二〕。

十二月二日、飯尾乗連・二俣扶長《すけなが》・山田景隆《かげたか》は血判起請文《けっぱんきしょうもん》をもって、松平忠茂《ただしげ》に対し、兄甚二郎の跡職に相違なき旨を誓約している〔戦今一〇四九〕。甚二郎の逆心の企てに家中の松井忠次《ただつぐ》らは承服せず、忠茂を擁立して義元と竹千代〔のちの徳川家康〕への忠節を申し出たのであった。これをうけて義元は十一日、忠茂に知行安堵の判物を下す一方〔戦今一〇五三〕、忠次に対しても、忠茂の同心として奉公を命じている〔戦今一〇五四〕。家中の支持を失った甚二郎は、尾張に奔ったらしい［戦今一三〇二］。将軍義輝の期待とは裏腹に、織田氏との関係はふたたび険悪の度を深めつつあり、それは三河国衆家中の分裂として現出していた。

同月十三日、遠州犬居（春野町）の天野景泰は、犬居惣領職および犬居山中の不入権を安堵されている［戦今一〇五五］。山中では前年来、百姓らの抵抗が継続しており、二十五日、景泰所務分に今川氏への過少申告あり（「有余慶」）とする百姓らの訴訟を棄却し、余慶分があれば景泰への給恩として軍役を課すとするとともに、訴訟後に逃亡した百姓の帰住を禁じている［戦今一〇五九］。この余慶分をめぐる措置は、こののちに制定されたとみられる「訴訟条目」第一二条とも通じるものであり、興味深い。

同月二十三日、興津《おきつ》信家《のぶいえ》と斉藤六郎衛門による、遠州村岡（掛川市）の切発《きりおこし》田畠をめぐる相論に対して、兼帯とする裁定が下されている［戦今一〇五七］。奉行人が係争地を検分し、従前の検地帳との異同が考量されるなど、ここでは、相当に整備された裁判機構がうかがえる。

同月二十六日、駿州葛山（裾野市）の葛山氏元は、武藤新左衛門の神山（御殿場市）政所給を安堵すべき旨、坍和《はが》広基《ひろもと》らに命じている［戦今一〇六〇］。坍和氏といえば北条氏の重臣として著名であるが、広基もその一族であろうか。晦日には、佐野郷浅間神主に対し、懸銭《かけせん》を免除している［戦今一〇六二］。懸銭もまた、北条領国では基本的な税目であるが、今川領国下ではほかに管見に触れない。葛山氏は、今川氏に服属する一方、人的関係、支配方式においては北条氏の強い

義元息女、武田義信に輿入

影響が看取されるという、まさに境界性を濃密にまとう存在であった。

この年、遠州の相良荘《さがら》（相良町）や宇苅郷《うがり》（袋井市）では検地が行われ、翌年、前者では西山寺《さいさんじ》が〔戦今一〇七八〕、後者では西楽寺と多法寺が〔戦今一〇八二・一〇八三〕、それに基づいて寺領等を安堵されている。

天文二十一年（一五五二）

この年は、今川・武田・北条の三大名による、いわゆる三国同盟の起点として、義元息女（嶺松院《れいしょういん》）が武田晴信嫡男義信に輿入れした年である。二月二日、甲斐の駒井高白斎は晴信の使者として駿府（静岡市）に到着、一宮元成らとの相談ののち義元に披露された。高白斎は、三日に元成を通じて義元起請文の案文《あんもん》を受領、翌日、飛脚をもって甲府（山梨県甲府市）まで進上している。一方、四月一日には晴信から義元宛の起請文が元成に渡され、八日には、十一月中の輿入れが武田方から要請されている。そして十一月二十二日、迎えの甲斐衆とともに義元息女一行は駿府を出立、二十七日、義元息女は甲府の新造に移徙《いし》した。婚礼の行装は美麗を極め、両国の大慶として言祝《ことほ》がれたという。翌二十八日には三浦某が晴信と対面するなど、供衆は十二月十四日まで甲府に滞在している〔高白斎記・妙法寺記〕。

正月二十三日、富士大宮（富士宮市）の一和尚等が清長に、四和尚等が春長《しゅんちょう》に安堵されたのを

富士参詣の盛況

はじめ〔戦今一〇六六〕、この年も、駿州河東地域の安定化に向け、寺社保護が積極的に展開されている。八月十六日には、同社風祭《かざまつり》神事のため、富士上方・下方・須津等における勧進が春長に認められている〔戦今一一〇五〕。不入の地であっても、在所の代官を案内者《あないしゃ》として収取しうるとされており、実態としては課税に等しかった。河東では葛山氏元も、正月二十三日、佐野郷(裾野市)浅間宮造営のため、領中での勧進を神主に認めている〔戦今一〇六七〕。

三月二十日、富士上方本門寺(富士市)が、家数退転につき棟別を改めて免除されている。この特権は、「惣国中」で不入を破棄する臨時賦課の際にも有効とされた〔戦今一〇八〇〕。領国一円の不入権破棄が想定されていたのである。もっとも、当初は仮定にすぎなかったそれは、のちに実現をみる。

四月二十六日、駿府浅間社(静岡市)の榊大夫は、富士参詣者に袈裟《けさ》等を提供する権益が山伏や陰陽師《おんみょうじ》に侵害されている旨を訴え、その排除を認められている〔戦今一〇八九〕。当時盛況であった富士参詣に、多様な宗教者が吸着していた様相がうかがえる。今川氏のもとには、領国外の寺社造営に関する要請も、さまざまにもたらされた。四月二十七日、後奈良天皇は、東大寺大仏殿四面廻廊の修造勧進への協力を求め、今川義元・武田晴信・北条氏康の三大名にそれぞれ綸旨《りんじ》を下した〔戦今一〇九一〕。一方、六月九日には、伊勢外宮《げくう》の遷宮要脚分として、度会《わたらい》備彦から雪斎に宛て、内宮《ないくう》に先んじての支出を求めている〔戦今一〇九八〕。ただし、これらへの直接の対応は、史料上は確認できない。

五月二十四日、駿州大平郷（沼津市）の星谷右衛門尉・片岡主計は、郷内の八社神田を宛行われて神事祭礼を務める一方、余慶分は給恩とされ、その軍役として陣参の際には、両者が交替で朝比奈親徳に同心すべきことを定められている［戦今一〇九三・一〇九五］。土豪層の軍役衆化とその編成のあり方がうかがえる、貴重な事例である。

同月二十五日、大鏡坊《だいきょうぼう》（富士宮市）は、河東一乱に際して北条方に与した銭主《せんしゅ》（債権者）からの借銭・借米が破棄されることを改めて認められている［戦今一〇九六］。すでに天文七年に同様の印判状をえていたが焼失したため、再交付を求めたという。先の印判状から一四年を経ても、依然として借銭返済の催促が危惧されていたのである。

六月三日、青野（岡崎市）松平氏の忠茂は、前月二十六日の三州大給城《おぎゅう》（豊田市）攻撃における被官人らの軍功について感状を下されている［戦今一〇九七］。忠茂は七月十九日、兄甚二郎の沽却《こきゃく》地《ち》の請け戻しと、同人の借銭借米の破棄を認められている［戦今一一〇二］。敵対した甚二郎の知行地は闕所であるからとする理由付けが興味深い。

八月六日、三州伊奈（豊川市）の本田縫殿助は、同国加治《かじ》（田原市）における当知行および神戸（同）内の名職を安堵されている［戦今一一〇三］。これらは田原（同）戸田氏の勢力圏内であり、あるいは、伊奈本田氏が戸田氏より給付されていたのであろうか。九月四日には、田原慶雲寺（同）

本興寺本堂

の寺領等が安堵されており［戦今一一〇七］、戸田氏旧領の再編が進められている。

九月七日、遠江の孕石元泰《はらみいしもとやす》は、父光尚《みつなお》の遺領配分の承認を得ている［戦今一一〇九］。知行を割分される弟については元泰の同心とするなど、家督の求心力維持が基調となっている。十月二十一日には、駿州安倍（静岡市）の杉山小太郎が、継母による名職の分割は不当だとする訴えが今川氏から承認されたのも［戦今一一一〇］、同様であろう。

十一月十五日、駿州佐野郷浅間五社（裾野市）の柏宮内丞に対し、同郷の検地書出が葛山氏奉行人より下されている［戦今一一一二］。田畠それぞれの上中下の区分、上田は反別六〇〇文といった整然とした分銭の設定など、今川氏とも、また相模北条氏とも異なる、独自の貫高制が示されている。打ち出された増分は、当初半分が定納とされ、十二月十六日には、さらにその半分近くが同社への新寄進とされている［戦今一一二〇］。

遠州本興寺《ほんこうじ》（湖西市）には、十一月十五日付の仏殿修復の棟札銘写が遺る［戦今一一一二］。大旦那鵜殿長持《うどのながもち》のほか、西郷将員《さいごうまさかず》、飯尾乗連代など、奉加者は三遠両国にまたがっており、同寺の広範な信仰圏と、それと重なる領主間ネットワークの存在がうかがえる。

十一月二十二日、三河の鱸《すずき》越前守は松平左衛門督の逆心に際する忠節を賞され、西野郷（豊田市）等の名職年貢の安堵と九久平郷《くぎゅうだいら》（同）等の新知を宛行われている［戦今一一一三］。五月の大給攻めも、左衛門督の逆心にかかるものであったであろうか。十一月晦日には、三州満性寺《まんしょうじ》（岡

『今川仮名目録追加』制定

崎市)に対し、寄進地・買得地安堵等の判物が下されている〔戦今一一一四〕。寺内での陣取も免除されているが、義元自身の出馬の際は例外とされている。西三河の混乱をうけ、それは遠からぬ事態と想定されていたのではないか。

天文二十二年(一五五三)

閏正月十一日、甲斐からの伊勢参宮者の領国通過を認める朱印状が下されている〔戦今一一二二〕。関銭や船賃も免除される厚遇であるが、浜名湖の今切渡《いまぎれのわたし》のみは例外とされている。二月十一日には、三浦氏員《うじかず》が、家中の白山参詣につき石徹白《いとしろ》(岐阜県郡上市)桜井坊を宿坊に定めている〔戦今一一二七〕。戦乱の時代にあっても、寺社参詣は盛んであった。

同月十二日、駿州泉郷(清水町)で前年の検地に案内者を務め、本増の定納を請け負った杉山小次郎が名職を安堵され、増分のうちより宛行われている〔戦今一一二八〕。検地に協力することで、自身の権益の保障・拡大を求める動向も存在した。

同月十四日には、友野二郎兵衛尉が、駿府の商人頭《しょうにんがしら》の地位を安堵されている〔戦今一一二九〕。戦国期に普及した木綿への課税権などの特権を付与されていた。

二月二十六日、分国法『今川仮名目録追加』二一ヵ条が制定された〔戦今一一三〇〕。父氏親の「仮名目録」とは異なり奥書がないため、制定の意図・契機を直接うかがうことはできないが、

今川氏支配下の岡崎松平家中

「自分の以力量、国の法度を申付、静謐する事なれは」(第二〇条)との一節は、駿州河東を回復し、三河にまで領国を拡大した義元の自負をよく示していよう。なお、制定者・時期ともに不詳の「定」一三ヵ条(いわゆる「訴訟条目」)も、このころ、義元によるものと考えられている[戦今一一三二]。

三月九日、栗田彦四郎が、駿州阿野荘石野郷(富士市・沼津市)名職のうちの給恩を安堵されている[戦今一一三四]。栗田は知行の過少申告を訴追されていたが、興国寺(沼津市)城番を規定以上の員数をもって務めることを申し出て、安堵を勝ち取っている。

三月十七日、阿部大蔵・酒井清秀《きよひで》が桜井寺(岡崎市)に、寺山における伐採取り締まりの訴訟につき、岡崎城(同)の糟屋備前守・山田景隆から制札が下された旨を伝えている[戦今一一三七・一一三八]。岡崎松平家中が、今川氏の支城支配に組み込まれている様相がうかがえる。

三月二十一日、三州作手の奥平定勝は、本知の不入のほか、百姓等の統制にかかる条々を下されている[戦今一一四二]。知行の枠組みを超えた百姓の被官化が領主間の紛争を誘発しかねない様相、敵内通の訴訟に関する規定には「訴訟条目」第一三条との共通性が認められ、「訴訟条目」の制定時期が示唆される点、佐脇郷における伊奈(豊川市)本田縫殿助との相論が太原崇孚(雪斎)の意見により中分とされるなど、注目すべき内容が多い。百姓の被官化をめぐっては、二十四日、駿州富士上方(富士市)の富士又八郎も、内徳分の給恩化を望む百姓の今川氏への訴

野田城跡

訟に対して、棄却の言質《げんち》を得ている［戦今一一四二］。増分をもって所職を競望する新百姓について、「仮名目録」第一条と同様の措置が指示されている点も興味深い。

四月九日、公家山科言継《やましなときつぐ》の義母が、駿河国に向けて京都を出立した。言継義母は寿桂尼の姉妹にあたり、前年から駿府下向の打診があったのである。言継はこれに先立つ七日、寿桂尼にその父中御門宣胤《なかみかどのぶたね》の遺筆を贈り、遠州朝比奈氏ほか途上の所々にも進物を遣わしている［言継卿記］。のちには言継自身も、養母を訪ねて駿府に滞在することとなる。

五月、伊勢外宮（伊勢市）の度会備彦は、正遷宮要脚の要請の書状を、今川義元ほかの諸大名らに送っている［戦今一一四九］。当主宛だけでなく「朝比奈殿」宛もあり、これは遠州懸川（掛川市）の朝比奈泰能を指すのであろう。

八月十三日、遠州一宮（森町）における武藤氏定《うじさだ》と中村助太郎との相論につき、氏定の主張に虚偽（「申掠」）があるとして、係争の在家を助太郎に還付している［戦今一一五〇］。氏定から提出された証拠文書の文面を、詳細に検討したうえでの裁決となっている。二十三日には、駿州長慶寺（藤枝市）の寺周りの差図に、領掌の朱印が捺されている［戦今一一五三］。裁判制度の整備には、文書審査能力の向上が不可欠であった。もっとも、氏定と助太郎の相論は、以後も争点を違えて再発する。

九月四日、先年来逆心を示していた三州菅沼《すがぬま》（新城市）の菅沼伊賀守が、林左京進を通じて返り忠を申し出たことにより、本知の還付と新知の宛行をうけている［戦今一一五四］。菅沼一族では野田（同）菅沼氏の織部丞《おりべのじょう》らが反今川方としてみえる一方、これを奥平八郎兵衛が今川氏に訴えるなど、いわゆる山家三方にも、複雑な対立が内在していた。十四日には、駿州河東の葛山氏元が、氏元出陣中の非分課役を懸念する駿州大泉寺《だいせんじ》（沼津市）に対して、判物を下している［戦今一一五五］。氏元の出陣先は、おそらく三河であろう。

天文二十三年（一五五四）

いわゆる駿甲相の三国同盟は、この年、北条氏康息女（早川殿《はやかわどの》）の今川氏真への入嫁をもって完成する。『相州兵乱記』等の北条氏系の軍記物では、三月、氏康が駿州河東に侵入したのち、来援した武田晴信ともども講和がなったとするが、史実とはみなしがたい。三大名が一堂に会したという「善得寺の会盟」も、やはり虚構であろう。両家の婚礼は七月に挙行され、供奉した一行の豪華さは前代未聞であったという［妙法寺記］。十六日に北条氏は、伊豆国西浦《にしのうら》（沼津市）の船方中に対し、祝言費用の回漕を命じている［戦今一一七三］。

四月二十四日、駿州富士上方（富士市）の井出惣左衛門尉息千代寿は、同名堯吉《たかよし》息女の松千代との婚姻を条件とした堯吉知行稲葉給の譲渡につき、承認を得ている［戦今一一六五］。堯吉には男子がなく、一方で惣左衛門尉父子には堯吉からの借米銭があり、一族内の相互扶助の様相が知られる。婚姻が破綻した際には知行は松千代に還付すべしとされており、女子にも、限定的ながら相続権が認められていた。

六月、三州吉田(豊橋市)の天王社の棟札銘に、「吉田城代」として伊東元実《もとざね》がみえる〔戦今一一七二〕。今川領国下では数少ない「城代」呼称の初見である。元実は十一月十五日付の石巻大明神(同)棟札銘にも、やはり「吉田城代」とある。

十月十五日、三州作手(新城市)奥平定勝知行の同国山中七郷(岡崎市)における訴訟に、裁決が下された〔戦今一一八七〕。ひとつは、百姓の本年貢の隠匿を告発するものであり、さしあたり岡崎松平氏時代の「本帳」に基づいて収納し、後日あらためて検地すべしとしている。ふたつには、郷内における竹尾源四郎知行分の過少申告についてであり、これも「本帳」に照らしたところ歴然であるとして、奉行人をもって源四郎知行分を改めさせるとしている。「本帳」の存在は審査中に発覚したらしく、十一月九日、定勝は、「本帳」に基づく収取をあらためて認められるとともに、難渋があれば百姓職を改替すべしとされている〔戦今一一九六〕。定勝は、遠州高部郷(袋井市)の知行においても、百姓職をめぐる相論に直面していた。訴人が二割強の負担増をもって競望したのに対し、本百姓(従前の所持者)はこれを承諾しなかったため、訴人を新百姓とする、『今川仮名目録』第一条そのままの経過が述べられている〔戦今一一八九〕。百姓らは領主支配への抵抗を示す一方、その内部では、諸権益をめぐり激しい競合が展開されていた。

岡崎城跡遠景

駿河、大風雨

遠州石雲院《せきうんいん》（榛原町）においても、十一月晦日、寺領の検地により増分が出来したものの、門徒中の訴訟により、修理料として寄進されている。この訴訟には寿桂尼の助力があり、あわせて、寺領における百姓の被官化の停止や、衆儀に背く今川氏への訴訟の禁止など、寺内外の統制に関する定書を下されている〔戦今一二〇一～一二〇三〕。

十一月二日、遠州匂坂（磐田市）の匂坂長能は、岡崎在城につき扶持を与えられ、先任である糟屋備前守同前の奔走が求められている〔戦今一一九三〕。長能が前任地の長沢（豊川市）在城料として与えられていた三州野田郷（豊橋市）は、本来、退任とともに上表されるべきであったが〔戦今一〇一八〕、これも安堵されている。前線に諸将をつなぎとめるには、恩給の増大は不可欠であったのである。

十一月には、『歴代序略』が駿府において出版されている〔戦今一二〇四〕。小京都とも称される、駿府の文化的水準が顕著に示されていよう。

この年、駿河は大風雨に見舞われた。吉原湊（富士市）の有徳人《うとくにん》・矢部将監《しょうげん》が罹災し、八月二十八日、その遺跡は親類の孫三郎に安堵された。九月十日にはより具体的に、吉原道者《どうじゃ》・商人問屋《といや》等の諸権益が書き上げられている〔戦今一一七四・一一七八〕。

コラム

今川氏を支える戦国期東海道の宿場と商人

山下智也

今川氏は駿河を拠点として遠江・三河と東西に広い領国を有した戦国大名である。この広大な領国をつなぐのが、領内を横断する東海道である。自然環境の影響も受けながら、道のりや宿場の変遷はあるものの、東海道の宿場を利用し、伝馬制度を整備していたことはすでに明らかにされている〔『戦国大名今川氏の研究』吉川弘文館、一九九四年〕。それらの宿場では商人が市場を立て、交易の機能も果たしていた。そうした東海道の宿場と商人についての研究も先学によって進められてきたが、ここでは今一度、史料をもとに宿場と商人の内実を概観し、今川氏との関係について整理していきたい。

まず交通面からみていこう。広い領国をもつ今川氏にとって、使節の移動や公の荷物・文書類の輸送には、宿場から供給される伝馬が欠かせないものであった。永禄元年(一五五八)八月十六日付け三河国御油の林二郎兵衛宛ての義元判物〔戦今一四一七〕と、永禄三年(一五六〇)四月二十四日付け駿河国丸子宿中宛ての朱印状〔戦今一五〇八〕の二点が、制度としての伝馬のあり方を伝えている。前者は、御油宿においては公方荷物などのような荷物であっても一里十銭の駄賃支払いを義務付け〈第一条〉、一日に出す伝馬は五疋までで、超過分には一里十五銭の駄賃を支払うこと〈第二条〉、そしてこの一回だけといって奉行人が副状を出した場合でも、一里十銭の駄賃を取ること〈第三条〉などを定めている。一方後者では、丸子宿での公方荷物について無賃使用が認められている。公方荷物以外は一里十銭が必要だが、誤魔化してしまうために、宿住人が退転しかねないことを訴えて、無賃の公方荷物には三浦内匠助の判形を必須とし、判形がなければ一里十銭を取ることとした。本多隆成氏は、この三河と駿河の公方荷物の有償・無償の差異について、「新領国三河の今川領国化をすみやかに進めようとしたため」〔『近世の東海道』清文堂、二〇一四年〕としており、説得的である。ただしこの説明は、領主の視点から導き出されるものなので、逆に宿の立場から考えてみると、各宿の伝馬利用状況やそこで発生する問題に応じた裁定の結果が反映されているともいえよう。宿ごとの特権の差異は、地域の要望・申請に対し、今川氏が個別に応えていった結果とも考えられる。

さて、使節の移動は領国間をまたぐ場合もあるが、いわゆる相甲駿三国同盟期は、伝馬が相互利用されていたのである。領国間の伝馬は、一里十銭(今川氏領国：一里＝六〇町)・一里一銭(北条氏領国：一里＝六町)・一里六銭(武田氏領国：一里＝三六町)と駄賃表記は異なるものの、それは括弧に示した距離の換算方法の相違によるもので、実際は共通の駄賃によって運用されていた〔相田二郎『中世の関所』畝傍書房、一九四三年〕。

実際の伝馬利用の面からみてみると、わずかながら伝馬手形が伝来している。駿河・遠江・三河の各宿場に対し、必要な数の伝馬を出すように命じたものである。天文二十年(一五五一)三月〔戦今一〇〇六〕と弘治二年(一五五六)四月〔戦今一二五七・一二五八〕に発給されているが、いずれも前後に武田氏の伝馬手形〔戦今参考一六・一七・二〇〕が発給され、同じ柳澤文庫に伝来していることから、同一人物が領国をまたいで伝馬を利用していたことがわかる。

また、公家の山科言継は、弘治三年三月、駿河から帰京する際に、実際に伝馬を利用していた。そのことが彼の記した『言継卿記』〔第三巻、続群書類従完成会、一九九八年〕から確認できる。言継は毎日伝馬を十疋利用しているのだが、岡崎からは九疋、矢作川沿いを下り鷲塚を経た先の成波(ならわ)では宿に伝馬がないとの申し出があり、翌日、宿の亭主が三疋馬を出したことで常滑に至った。このとき駿河・遠江は伝馬十疋を供給できる状態にあったのに対し、三河・尾張方面へ西進するに従い伝馬の供給状況が悪くなっている。林氏の御油や岡崎城下町・矢作宿以西の地域は、松平・織田氏の台頭後まで広域を領する者がいないため、伝馬宿の整備と伝馬供給は若干不安定だったようで、交通網の安定化には広域支配を担う地域権力、今川・北条・武田氏のような戦国大名領国の形成が素地として必要だったと思われる。

つづいて、今川氏と商人との関係についてみていこう。宿場は単に伝馬を供給する場ではなく、当然旅宿があり、往来する商人も宿泊することから、市日に市が立つなど交易機能も有していた。駿河国江尻は「商人宿」とも呼ばれ、毎月三度の市が開かれることから往来する商人に対して旅宿を提供していた〔戦今四八五・七〇〇〕。商人宿は座によって商売の管理がなされていた。江尻には「友野座」という座があり、「商人頭」として駿府の商売を取り仕切ったのである。「商人頭」は、諸役免除などの特権を付与される見返りとして、座による同業者の統制や役の徴収、伝馬供出の責務を負っていた。駿府の伝馬供出に関しては、他座の者でも伝馬については友野座に加わるよう定められており、一定地域の伝馬の一元管理を担っていたのである。特に友野座は複数の物品に関係しており、木綿役・飢饉時の伊勢回りの米の買い付け・胡麻油商売役などについての権益を獲得していった〔戦今一一二九・一七三〇・二二一〇〕。

そのような有力商人・「商人頭」らによる宿町経営は駿河・遠江・三河の各地で展開していた。駿府では友野に並ぶ商人として松木氏の存在が挙げられる。永禄四年(一五六一)と八年(一五六五)の二度にわたり、氏真から諸役免除や京都への往来荷物三駄ずつの関銭・津料免除などの権利を得ている〔戦今一七七四・二〇三九〕。沼津の大岡庄では、往来する商人の旅宿や諸湊から出入りする商人らの監督を被官の山中氏が務めていた〔戦今五二二〕。皮製品を扱う連尺商人の監督は大井掃部丞という人物に任されていた〔戦今七三九・九〇五・一〇六二〕。吉原宿では、矢部氏に商人問屋・道者問屋のこと、渡船などについての監督が任され、諸役免除等の特権を獲得している〔戦今一一七八〕。矢部氏は渡船業にも携わっており、陸運ばかりでなく宿場と水運との関係も注目される。渡や川湊は陸上交通の延長という側面もあるが、先の大岡庄の事例や江尻宿と清水湊との関係も指摘されており〔阿部浩一『戦国期の徳政と地域社会』吉川弘文館、二〇〇一年〕、海運・船で往来する商人と宿場との関係も見逃してはならない。また、遠江国府であり古代以来宿場町として存在してきた見付では、米屋・奈良屋が問屋・宿屋を取り仕切り、伝馬役の務めを任されていた〔戦今一一三三・一三三二・一五八三〕。伝馬定の宛所となっていた三河御油の林氏は酒役・諸商売役の免除を受けている〔戦今九八八・一六一〇〕。彼らの生業は商品流通と販売にあり、自身の経済基盤を有していたことにより、宿場での伝馬の管理が可能となった。今川氏は、駿河・遠江・三河の各所に所在する経済力のある商人を把握し、「商人頭」・御用商人として登用することで、往来する商人を統括したのである。御用商人となった者は、伝馬役などの負担を負う一方で、商売特権を獲得した。今川氏と商人との間には、お互いに有益な関係が築かれており、今川氏―「商人頭」・御用商人・座―一般商人という構造のもと、今川氏はアウトソーシング(組織外委託)することで宿場運営の実利を得ていたのである。

今川仮名目録の最後の箇条には、他国商人と被官契約を結ぶことを停止する規定がある〔戦今三九七〕。裏を返せば、自国商人の重用を示すものとも考えられよう。友野・松木をはじめとした自国商人を「商人頭」・御用商人として取り込むことで、今川氏領国の流通は統制され、今川氏の経済を支える重要なポストとして位置づけられたのである。今回改めて史料をもとに整理してきたが、今川氏領国は、後北条氏と並んで戦国大名領国として早い段階での都市的発展と、流通構造の安定がみられた地域であると言えるのではないだろうか。

松平元信の初見史料

桜井寺

天文二十四年・弘治元年（十月二十三日改元　一五五五）

正月晦日、三州桜井寺（岡崎市）は、平居領《ひらい》（新城市）内における白山先達につき、遠州千手院（浜松市）ほかの競望を退けられている［戦今一二〇九］。白山先達職をめぐっては、こののちも、同寺を一方の極として相論が繰り返されることとなる。

二月五日、尾張の織田信長《のぶなが》は、星崎根上《ほしざきねのうえ》（名古屋市南区）のうち、鳴海《なるみ》（同市緑区）の山口教継《のりつぐ》に同心の者の諸職を闕所地とする旨を命じている［戦今一二一〇］。このころ、教継は今川方に帰服したらしい。

五月六日、岡崎（岡崎市）松平氏では、元信《もとのぶ》（のちの徳川家康）の命により天野康親《やすちか》らの連署をもって、淵上《ふちがみ》（同）の小坊師に大工職を安堵している［戦今一二一六］。三月に元服したとされる［朝野旧聞裒藁］「元信」の初見史料であり、代替わり安堵の意味があろう。

六月七日、駿州大石寺《たいせきじ》（富士宮市）に対し、門前や山における諸役等が免除された。あわせて、門前における新儀の市立ても停止されている［戦今一二二八・一二二九］。実態の不明な四分一役《しぶいちやく》について、普請にかかる有給労役としてみえる点が注意を惹く。

七月六日、村松正久《まさひさ》の子息遠藤楠鍋丸《くすなべまる》は、困窮する三浦元政《もとまさ》より買得した遠州仁田村《にた》（榛原町）の知行につき安堵をうけ、元政への同心を命じられた［戦今一二三二］。同日、村松父子は元政

尾張織田氏・美濃斎藤氏、今川氏と敵対

に対して以後の同心を誓約している〔戦今一二三二〕。『今川仮名目録追加』第三条にみえる「同心契約」の実例であり、しかも、実質的に同心側主導でなされている点で興味深い。十月十六日には、戸田伝十郎が、三州吉田領月谷郷《わちがや》（豊橋市）において、切符の替えとして知行を宛行われている〔戦今一二三三〕。これは先年の田原（田原市）における兄孫七郎の討死と、三〇〇貫文もの銭を用立てした忠節によるものという。村松父子や伝十郎は、軍事的負担にあえぐ給人層を尻目に富を蓄積した、有徳人的な存在と評しうるだろう。

九月十六日、原田三郎右衛門尉ら三州阿摺《あすり》（豊田市）衆は、鱸兵庫助が小渡《おど》（旭町）に砦を築いて抵抗を示した際、鱸方として来援した広瀬右衛門大夫や美濃岩村（岐阜県岩村町）衆と、七日、八日の両日に合戦した旨を神妙とされている〔戦今一二二九〕。二十四日には、甲斐の武田晴信が信濃木曾谷の木曾義康《よしやす》に宛てた書状で、尾張織田氏・美濃斎藤氏がともに今川氏に敵対している情勢を報じている〔戦今一二三一〕。今川氏は、尾張・美濃の両面に敵を迎えていた。

しかも、三州西条（吉良町）吉良氏においても、反今川派が実権を掌握し、その旗幟を鮮明にしつつあった。すなわち、十月二十三日、義元が吉良一族の荒河某に宛てた書状によれば、大河内《おおこうち》・富永《とみなが》の両人が張本となり、当主義安《よしやす》の舎弟長三郎を人質として尾張国緒河《おがわ》（東浦町）水野氏のもとに送り、水野の軍勢は西尾（西尾市）に入城したという〔戦今一二三五〕。これに対し義元は、相模北条氏一門の宗哲《そうてつ》に宛てた閏十月四日付の書状で、西条荘内をことごとく焼き払った

雪斎、死去

旨を伝えている［戦今一二三六］。同月七日には、近隣の無量寿寺（同）・願照寺《がんしょうじ》（一色町カ）に禁制が下された［戦今一二三七・一二三八］。ここに西条吉良氏は、事実上の滅亡を迎えたという。

しかしこのころ、今川氏もまた、深刻な損失を蒙っていた。閏十月十日、太原崇孚（雪斎）が死没したのである［戦今一二四〇］。雪斎の主導により制圧した三河においてその影響はことに著しく、同国では翌年以降、反今川派の蜂起が続発する。

盟邦甲斐の武田晴信はこれ以前より、信濃において越後の長尾景虎《かげとら》（上杉謙信）と対峙していた。いわゆる第二次川中島合戦である。対陣は長期戦の様相を呈したため、義元の仲介により、閏十月十五日に和談が成立したという［妙法寺記］。もっとも、義元は第三者の立場で調停にあたったわけではもちろんなく、このとき、一宮元成率いる駿州富士下方（富士市）の軍勢が、武田方への合力として派遣されていた［戦今一三三七］。

十二月二十三日、三州伝法寺（田原市）宛の田地売券に、「駿州之新徳政」の適用外とする担保文言がみえる［戦今一二五五］。周囲に、今川氏による徳政の風聞があったものであろうか。しかし、それがいかほどの現実性を帯びていたかは、不明とせざるをえない。

弘治二年（一五五六）

前年に太原崇孚（雪斎）という柱石を喪った今川領国三河はこの年、激震を迎える。

牛久保牧野氏内の今川派を鎮圧

二月三日、三河の戸田伝十郎は、上野城（豊田市）の所用のために黄金・代物を用立てした忠節により、同国下条に知行を宛行われた［戦今一二六三］。しかも、同地にかかる分限役は一五年間免許するとあり、伝十郎は有徳人として、鑓働きよりも、なにより経済的奉公が求められたのであろう。「上野城所用」の詳細は不明とせざるをえないものの、上野城がこの年に味方に属した際、今川勢が岡崎（岡崎市）から上野まで撤退する事態が生じたという［戦今一三九三］。岡崎松平氏内に、反今川勢力があったものであろうか。

牛久保（豊川市）においても、二月十七日、大恩寺（同）への寺領安堵は、牧野氏一族の民部丞の離反をうけてのものであった［戦今一二六五］。これに先立ち、十三日、小坂井《こざかい》郷（同）に禁制が下されている［戦今一二六四］。十八日には、財賀寺（同）真如院が牛久保領における白山先達職を安堵されている［戦今一二六六］。先達職は駿遠出自の牛久保領給人にも有効とするごとく、民部丞の逆心は、かえって今川氏による牛久保制圧に帰結したようである。以後、三明寺（同）のほか［戦今一二六八］、周辺諸寺社があいついで所領安堵をうけている。牛久保における反今川蜂起は、二月中旬以前に鎮定されたらしい。

しかし同月二十日には、青野（岡崎市）松平氏の忠茂が、保久《ほつきゅう》（同）・大林（同）において討死を遂げた［戦今一二六七］。その跡職は二十七日、即座に嫡子亀千代（家忠《いえただ》）に安堵され、家中の動揺を食い止めんとしている。九月二日には、前代から続く三州下和田《しもわだ》（同）をめぐる桜井（同）松平氏

信長、三州荒河に侵攻

の家次《いえつぐ》との知行相論において、二一ヵ年の所務継続という年紀法の論理をもって、亀千代の勝訴としている［戦今一三〇一］。その背景には、さきに当主の座を逐われた亀千代の伯父甚次郎が復権を目論み、三尾境目に姿を現したとの風聞があったであろう。ここにおいて義元は同日付で、甚次郎の赦免は認めない旨を確約するとともに、名代松井忠次の意見に従うよう、亀千代に求めている［戦今一三〇二］。その忠次は四日、尾張の織田信長が三州荒河（西尾市）に侵攻して生じた、三月の野寺原《のでらはら》（安城市）の一戦における軍功を賞されている［戦今一三〇三］。三州の惑乱を奇貨としての出兵であろうが、その後は織田方に格段の動きはみられず、撃退に成功したとみられる。

これをやや遡る二月二十九日、今川氏分国中における門別勧進を求めた熊野新宮（和歌山県新宮市）庵主に対し、三河出軍中のため、静謐のうえ認可すると回答している［戦今一二七二］。三河は、義元みずからが前線で収拾にあたらざるをえない、まさに内憂外患の観を呈していた。

五月二十四日、秦梨城《はだなし》（岡崎市）に敵襲があり、同城の粟生永信《あわおながのぶ》が、奥平市兵衛・松平彦左衛門ほかを討ち取る忠功を挙げている［戦今一二八五］。岡崎周辺では、大仙寺（同）が六月二十一日、今川氏判形の失却により再度の寺領安堵等をうけており［戦今一二八八・一二八九］、これも戦火の余波によるものかもしれない。大仙寺には二十四日、松平元信の名で同様の黒印状が下されているが、その黒印は元信の大叔母「しんさう」のものであり、同寺には同日付で、その事情を伝えるしんさうの書状も遺されている〔戦今一二九〇・一二九二〕。元信は依然として、みずから証文を発給しうる立場にはなかったらしい。

八月四日には、千両口《ちぎり》（豊川市）や作手筋（新城市）でも戦闘があり、能勢《のせ》甚三・小笠原孫二郎がそれぞれ、十三・十六日付で感状をたまわっている〔戦今一二九六・一二九七〕。

山家三方の田峯菅沼氏の分裂

三河の分裂は山家三方の一、田峯《だみね》（新城市）菅沼氏にも及んだ。前年来、当主定継《さだつぐ》みずからが叛旗を翻していたが〔戦今一三四八〕、三月三日には、同氏の位牌所永住寺（同）が義元から寺領安堵をうけている〔戦今一二七四〕。そして九月、弟の定通《さだみち》らは林左京進を通じて今川方に帰参し、以後、大野砦（同）に詰めた忠功により、十二月五日、黒田村（同）ほかを還付され、同心衆の給分について指示をうけている〔戦今一三一七・一三一八〕。なかでも菅沼左衛門二郎は、帰参した定通らが布里《ふり》（同）を占拠した際、敵方が大挙奪還に向かうことを事前に告知したことにより、定通らが無事退去しおおせた忠節を賞され、翌年九月五日、塩瀬《しおせ》（同）を宛行われている〔戦今一三五五〕。

作手奥平定能逆心

作手奥平氏でも、十月二十一日、定能《さだよし》の逆心につき、父定勝《さだかつ》が赦免されて本知を安堵されている〔戦今一三一〇〕。親類らは定能を高野山（和歌山県高野町）に追放し、定勝の復帰を懇望したという。青野松平氏と同様、ここでも家中の意向が家の帰趨を決している。十一月七日にはあらためて、安堵の朱印状が定勝に下されている〔戦今一三一四〕。

九月二日、遠州浜松荘曹源院《そうげんいん》(浜松市)は、来迎寺《らいごうじ》領を安堵されている〔戦今一三〇〇〕。同寺領は、浜松荘を支配する引間飯尾氏の元連《もとつら》母により別人に宛行われていたが、それが今川氏によって覆されたこととなる。これまで領国外縁部の国衆であった引間飯尾氏領内への、今川氏権力の浸透を示すものである。

十月三日、駿州相賀高山《おおかたかやま》(島田市)の禰宜惣七郎は、神田等のほか大鋸《おが》一丁を安堵されている〔戦今一三〇九〕。社殿修理のためであればいずこで用いても無役とされる一方、作料をとっての他用は禁じられており、職人統制のあり方がうかがえる。二十四日、三州桜井寺(岡崎市)が、国内所々の白山先達職を安堵されている〔戦今一三一三〕。桜井寺のナワバリには敵地となったところもあり、争乱による権益の侵害が懸念されていたのであろう。

十一月二十九日、東谷宗杲《とうこくそうこう》と景筠玄洪《けいいんげんこう》は、雪斎の死没により中絶していた駿州長慶寺(藤枝市)再興について指示をうけている〔戦今一三一六〕。臨濟寺(静岡市)からの塔頭移転や造営縮小などは、雪斎の遺命に基づくものという。なお、同寺には雪斎の墓が遺されている。

十二月十八日、遠州井伊谷(引佐町)の祝田では、年々の水損により惣百姓からの年貢減免の詫言があり、領主井伊直盛はこれを容認している〔戦今一三一九〕。ただし、無田となっても年貢を納入すべきこと、増分をもって納所を請け負う者があれば田地を没収するなど、厳しい付帯条件もなされていた。後者の規定は、『今川仮名目録』第一条に通ずる内容である。なお、このとき、瀬戸方玖《ほうきゅう》らによって年貢割付状が作成されている〔戦今一三二〇〕。

この年の特筆すべき事柄といえばもうひとつ、公家山科言継の駿府下向が挙げられる〔以下、山科言継関連記事の典拠は言継卿記〕。姉妹の寿桂尼を頼って駿府に滞在していた継母中御門氏(御黒《おくろ》木《き》)の見舞が、その眼目にあった。

九月十一日に京都を発った言継一行は、十九日に三州室津《むろつ》(田原市)に着岸し、今川領国に足を踏み入れた。二十一日には、遠州引間(浜松市)で伝馬の差配を依頼し、翌日、懸川(掛川市)に朝比奈泰能を訪ねている。泰能は駿府滞在により留守であったが、御黒木の姪にあたる泰能室らに進物を遣わしている。

駿府到着は九月二十四日、宿舎は新光明寺に定められ、二十六日には御黒木との対面を果たしている。言継は以後、義元への見参の機をうかがいつつ、ときには得意の医薬の腕も振るいながら(十月二日条など)、駿府各方面との交流を深めていくが、十月二十八日には、まず寿桂尼との対面が実現した。そこには、人質として駿府にあった北条氏規《うじのり》も同座していた。氏規は寿桂尼には孫にあたるため、その手許に置かれていたらしい。義元への見参は、いったんは十一月十六日に定まったものの、延期された。やはり駿府に下向していた天竜寺(京都市)策彦周良《さくげんしゅうりょう》との歌会が優先されたらしい。

十一月十九日、ようやく義元との対面が実現した。当座の歌会が催され、今川方からの列席

氏真・義元邸で和歌会始

者は、関口氏広《うじひろ》・一宮元成・牟礼《むれ》元誠《もとのぶ》・斎藤元清《もときよ》等であった。翌日には、氏真邸に招待されている。三浦正俊が奏者となり、一献があったが、相伴《しょうばん》は氏広ばかりであったという。そのまた翌日、今度は寿桂尼邸を訪ねたところ、これに義元も同座した。義元は酒宴において、下戸ながら十数杯をあけ、近年にない上機嫌であったという。二十九日、義元から鵠《くぐい》を贈られているが、これは鉄砲で仕留められたものという。今川領国内における、鉄砲使用の初見である。

十二月二日、言継は、息女病没の悲報に接した。帰京を急ぐ言継に対して義元は、三日・四日と再三慰留している。結局、言継は駿府にて越年することとなり、三十日には、義元・氏真・寿桂尼にそれぞれ歳末の礼に赴いたが、いずれも対面はかなわなかった。

この年の十二月十七日、駿府では、五十余年ぶりという大雪があったという［言継卿記］。

弘治三年（一五五七）

駿府（静岡市）にて新年を迎えた公家の山科言継は、正月五日、今川義元・氏真をそれぞれ訪ねている［以下、山科言継関連記事の典拠は言継卿記］。このとき、三州大給（豊田市）松平氏の親乗《ちかのり》も駿府にあり、以後、交歓がたびたび見うけられる。十三日には氏真邸で、二十九日には義元邸で和歌会始があり、言継も列席している。二月十四日には、義元の勧めにより清水（清水市）方面に足を伸ばしており、十九日・二十五日には氏真主催の和歌会に出座、二十五日には義元も同

財賀寺仁王門

座している。

言継は二月二十三日、伝馬の差配を遠州懸川（掛川市）の朝比奈泰能に求めており、このころには帰京の準備に取りかかっていた。二十九日には義元・氏真・泰能・寿桂尼に暇請《いとまごい》し、駿府出立は三月一日であった。二日には懸川の天然寺に入り、以後、九日まで滞在して泰能一門らと交流している。帰路も今川氏の伝馬を利用しつつ、三月十四日には三州大浜（碧南市）より出船、今川領国をあとにした。言継の帰洛は、四月七日のことであった。

このころ三河では、白山先達職をめぐり、桜井寺（岡崎市）と財賀寺（豊川市）が今川氏の法廷で争っていた。発端は、牛久保領中（同）の先達職を財賀寺が十年来侵害しているとする桜井寺の訴えであり、前年十二月二日には、牛久保において桜井寺勝訴の裁断が下された。それをうけて二月六日、義元が桜井寺に安堵の判物を下している［戦今一三二三］。そこでは、先達の対象を本貫地に関わらず現住地を基準に定めるという、「在所引《ざいしょびき》」なる慣例も示されている。しかし、相論はこれをもって落着とはならず、永禄二年に再燃することとなる。

三月四日、駿州河東の葛山氏元は、口野《くちの》郷（沼津市）の楠見《くすみ》善左衛門尉に対し、江浦《えのうら》に着岸する伊勢船以下との商売独占を許されている［戦今一三二七］。善左衛門尉は問屋（商人宿）を保持し、諸役の直納や停泊料の徴収も認められており、これには代官でさえ介入を禁じられた。太平洋水運に積極的に関与せんとする、葛山氏の姿勢がうかがえる。

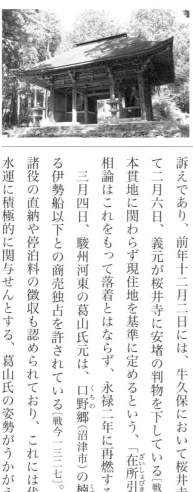

今川氏、遠江国衆の本領を把握

四月十七日、遠州天宮郷《あめのみや》（森町）の武藤氏定は、中村助太郎の詑事につき、陣夫の免除と定夫等の代銭納について定めている［戦今一三三〇］。もっとも、この前年に氏定と助太郎には相論があり、勝訴した助太郎は代物の納入を拒否、その裁定は永禄二年に持ち越されている［戦今一四六七］。

五月三日、松平元信（のちの徳川家康）は、三州高隆寺《こうりゅうじ》（岡崎市）に対して寺領等安堵の判物を下している［戦今一三三三］。元信の判物発給は、これが初見となる。

六月十八日、後藤真泰《さねやす》は、当知行遠州池田荘（磐田市）を安堵されている［戦今一三三六］。七月二十三日付の判物によれば、池田荘では、大橋源左衛門の訴訟により検地があって増分が打ち出され、それに基づいて分限役が加増された［戦今一三四三］。ほぼ「訴訟条目」第一二条を踏襲した経過である。真泰はさらに、本領同国日比沢《ひびさわ》（三ヶ日町）・本坂（同）の堀廻についても知行の差出を求められており、遠江国衆は、その根拠地までも把握されつつあった。

六月二十二日、駿州富士下方（富士市）の井出堯吉の遺跡をめぐる相論に裁定が下された［戦今一三三七］。堯吉は前々年の第二次川中島合戦に援兵として出征したが、中途に煩い、帰陣ののち没したという。これを仮病として相続の無効を主張する訴人が現れたが、派遣軍を指揮した一宮元成が証人となり、遺跡は堯吉の娘婿千代寿への相続が保障された。

同月二十六日、三州作手（新城市）の奥平定勝は、前年に逆心を企てた同名彦九郎の成敗を賞され、日近郷《ひぢか》（岡崎市）を宛行われている［戦今一三三八］。同郷は、天文十七年ころに離反した同名久兵衛尉の所領であり、久兵衛尉は、なおも抵抗を続けていた。同名与七郎も二度にわたる反逆のため、その諸職が定勝に与えられている。

八月晦日、遠州懸川の朝比奈泰能が没する［戦今二七五二］。九月五日、城下の乗安寺《じょうあんじ》で荼毘に付され、その葬儀は、今川氏親に倣ったものという。前々年の雪斎に続き、またしても今川領国の中枢が喪われた。

十月九日、三浦元政は、三州西尾（西尾市）の在城料を宛行われている［戦今一三六一］。期間は二、三ヵ年とされていた。同月二十七日には、同国牛久保（豊川市）の牧野右馬允も、某城在城につき法度を下されている［戦今一三六三］。こちらは五ヵ年といい、いずれも数年単位に及んでいる。これが過重な負担となったであろうことは、想像に難くない。

十一月二十一日、奥平定勝は、日近郷の増分について安堵をうけている［戦今一三六九］。やはり奥平氏が知行する近隣の山中郷（岡崎市）では、直後の十二月に検地が行われており［戦今一四四七］、日近郷においても、検地が予定されていたのであろうか。

同月二十六日、駿州富士浅間社（富士宮市）の宝幢院増円《ほうどういんぞうえん》は、同社別当職および別当領を安堵されている［戦今一三七一］。先別当の乱行により売却された別当領につき、すでに氏親の代に岡部親綱《ちかつな》の言上により還付がなされていたものの、買徳人の一部から不服があったため、あらた

竹谷城跡

氏真、最初の判物

めてこれを退けている。

同月二十七日、遠州阿多古《あたご》青谷《あおや》村（天竜市）の青谷弥太郎は、父の給恩分を西条吉良氏の判形の旨に任せて安堵されている［戦今一三七三］。阿多古は浜松荘（浜松市）の飛び地で、引間（同）飯尾氏の所領であったが、飯尾元連の介入が禁じられており、ここでも、遠江における今川氏の権力浸透をみることができる。

十二月三日、尾張国鳴海東宮大明神（名古屋市緑区）の禰宜二郎左衛門尉に神田を安堵している［戦今一三七五］。ほかの禰宜の押領には在城衆から堅く申しつけるとあり、鳴海城（同）に今川方の在番があったことが知られる。

十二月十二日、三州竹谷（竹谷町）松平氏の清善は、二十年来の借米銭につき催促を認められているが［戦今一三七八］、難渋の場合は、今川氏の中間《ちゅうげん》が執行にあたるとしている。雑務沙汰にあたる相論にまで、今川氏は直接に介入していた。

この年の正月十五日、駿府では百余間が焼失する大火があり、東漸寺も全焼したという［言継卿記］。

弘治四年・永禄元年（二月二十八日改元　一五五八）

この年の閏六月二十四日、今川氏真の最初の判物が確認される［戦今一四〇六］。時期については諸説あるが、氏真は義元の生前から、すでに家督を継承していたと考えられている。そしてそれは、弘治年間に混迷を極めた三河の支配再建に義元が専念するためとみられる。

三河では、正月、某城において河合源三郎が逆心し、敵を引き入れたという〔戦今一四〇七〕。源三郎は三月にも、菅沼定継とともに伊東貞守《さだもり》の屋敷（未詳）を攻撃したが、貞守はこれを退け、その功により、七月四日、二月に宛行われた同名源三跡を義元から安堵されている。

三州寺部の逆心鎮圧

二月二十六日、遠江の匂坂長能が、三州寺部城（豊田市）における鱸日向守の逆心鎮圧後の、同城領半分知行を義元から保障されている〔戦今一三八三〕。このとき、広瀬城（同）も日向守に与同したらしく、長能には、同城領の替地も約されている。日向守はいったんは降伏したものの、ふたたび寺部城に拠って挙兵した。四月十二日、能見《のうみ》（岡崎市）松平氏の重茂《しげもち》らの討死が賞され、父重吉《しげよし》に対して、寺部領内の知行が義元から扶助されている〔戦今一三九〇〕。寺部城の奪還は二十四日、広瀬からの援軍ともども、岡崎（同）・上野（豊田市）の今川勢に撃ち破られている。なお、この一戦では、今川方の足立勝正《かつまさ》弟の甚尉が鉄砲にあたり、討死を遂げている〔戦今一三九三〕。今川氏の戦争における、鉄砲使用の初見文書となる。また、寺部城攻撃は、松平元信（のちの徳川家康）の初陣であったという〔三河物語〕。

元信（家康）の初陣

三月十日、甲斐武田晴信と越後長尾景虎の和睦につき、晴信と義元・相模北条氏康に相談を求める将軍足利義輝御内書が、武田氏と北条氏宛に認められた〔戦今一三八五・一三八六〕。おそら

大樹寺多宝塔

く、今川氏宛にも作成されたのであろうが、その文面をみることはできない。

四月十三日、三州作手（新城市）の奥平定勝に対し、義元から大野田《おおのだ》（同）が扶助されている［戦今一三九一］。同地は一時、野田（同）菅沼氏の定盈《さだみつ》に宛行われていたといい、嫡子定能らの離反により闕所とされたものが、前年の定勝の赦免により還付されたのであろう。

同月二十二日、遠州懸川（掛川市）の朝比奈泰朝《やすとも》は、駿州霊山寺《りょうぜんじ》（沼津市）の住持職を矢田右近尉に申しつけている［戦今一三九二］。前年の父泰能死没により跡を継いだ泰朝の、文書発給の初見となる。泰朝は閏六月二十日、三州大樹寺（岡崎市）に対し、「岡崎雑説《ぞうせつ》」が無事に収まった旨を報じている［戦今一四〇三］。詳細は不明ながら、秋には泰朝自身が出馬する旨も、あわせて伝えている。

五月十七日、三州名倉舟渡橋《なぐらふなどばし》（設楽町）において、美濃岩村（岐阜県岩村町）衆と合戦があり、六月二日、奥平松千代に義元感状が与えられている［戦今一四〇〇］。この合戦には奥平定勝も参陣し、二十五日付で義元感状が与えられたのち［戦今一四〇一］、閏六月八日には、朝比奈親孝《ちかたか》以下の今川氏老臣より、定能の赦免要請に対して安心すべき旨を伝えられている［戦今一四〇二］。

六月二十三日、この日は今川氏親の三十三回忌にあたり、長伝《ちょうでん》が和歌を詠んでいる［心珠詠藻］。なお、閏六月二十三日には、氏親の菩提寺増善寺（静岡市）に、灯明を提供する油屋一人が義元により安堵されている［戦今一四〇四］。これは、直接には駿府の商人頭友野氏の干渉を退けるためであったが、ほかにも両油座の存在が知られ、油商売をめぐる熾烈な競合が看取される。

八月四日、駿州河東の葛山氏元は、佐野浅間宮（裾野市）修造料の勧進を、禰宜助三郎に認めている［戦今一四一三］。この勧進は当初、天文二十一年から五ヵ年の予定であったが、風干損により遅滞したため、当年に限り再度許可されたという。

八月十三日、氏真は、駿府浅間社（静岡市）の村岡左衛門尉に対し、流鏑馬銭等を安堵している［戦今一四一五］。同日、流鏑馬銭を負担する郷村の書上も作成されているが［戦今一四一六］、これは、天文十八年の書上［戦今九〇二］を再確認するものであった。今川領国における中心的な祭礼の執行を保障する氏真の立場は、まさに今川家の新当主たるものであろう。なお、両文書は、印文「氏真」朱印の初見となる。

八月十六日、義元は、三州御油《ごゆ》宿《しゅく》（豊川市）に伝馬掟を定めている［戦今一四一七］。一里一〇銭の公定料金を支払わない者は、たとえ公方の用であっても伝馬供出は不要とするなど、宿の負担軽減が図られている。もっとも、これは天文二十三年の規定が遵守されていないためであるとするから、その実現には大きな困難があったようである。

十月十七日、氏真は、熊野新宮（和歌山県新宮市）庵主に対し、分国中における門別勧進を許可している［戦今一四三二］。同様の要請は弘治二年にもあったが、その際には三河の混乱を理由に留保されていた［戦今一二七一］。ここに至っての容認は、領国支配の相対的安定を今川氏が自任した現れであろうか。もっとも、たとえば善徳寺末の駿州大中寺《だいちゅうじ》（沼津市）が十二月十七日、惣国次《そうごくなみ》の勧進が今川氏の印判をもって触れられても、同寺門前は除外するとされるなど「戦今一四三八」、勧進の拒否を今川氏から保障される場合もあった。

十二月十七日、氏真は、富士下方（富士市）の金剛寺・玉蔵院《ぎょくぞういん》をめぐる東泉院《とうせんいん》と先玉蔵院院主の相論につき、東泉院に安堵の裁定を下している「戦今一四三九」。東泉院は、もとの敷地を雪斎により善徳寺に編入され、その代替として玉蔵院を与えられていたという。また、金剛寺は、河東一乱による荒廃から東泉院父の大鏡坊が再興したという。同日には、遠州金剛寺（三ヶ日町）をめぐる一巨《いっきょ》と南隆《なんりゅう》の相論にも、南隆勝訴を裁許している「戦今一四四〇」。一巨と檀那の浜名兵庫助は、今川氏の再三の召喚に応じなかったために敗訴とされたという。駿・遠両国においては、氏真の治世が確立されつつあった。

永禄二年（一五五九）

二月十六日、三州山中（岡崎市）の法蔵寺は、弘治三年十二月の検地による増分を今川義元から安堵されている「戦今一四四七」。この検地は、同地を知行する同国作手（新城市）の奥平氏による給人検地と考えられる。

二月二十二日、遠州二俣（天竜市）の松井宗信は、父貞宗《さだむね》の譲渡に任せて、知行安堵を今川氏

財賀寺金剛力士像

真よりうけている［戦今一四五〇］。宗信は、これ以前より松井氏の軍役において中核を担っていたが、このとき、名実ともに家督を継承したようである。この直前、六日に二俣城下の光明寺において寺領等が氏真より安堵されているのは［戦今一四四六］、松井氏の代替わりにかかるものであろうか。

五月十六日、三州岡崎（岡崎市）の松平元康《もとやす》（のちの徳川家康）は、岡崎の老臣たる「各」に対し、定書を下している［戦今一四五五］。「各」の決定に元康が従わない場合、今川氏への上訴を認めるなど、当主に優越する家中のあり方が示されている。

五月二十三日、弘治三年の裁許以後に再燃した三州桜井寺（岡崎市）と財賀寺（豊川市）の白山先達職相論につき、桜井寺勝訴の判物が義元から下されている［戦今一四五九］。今回の争点は牛久保郷（同）の給人層の先達にあり、某月（四月カ）晦日の吉田（豊橋市）における対決では桜井寺の主張が容れられたものの、財賀寺はこれを不服として駿府（静岡市）への上訴を主張、審理にあたった伊東元実らが駿府に上申し［戦今参考30］、これをうけた駿府の一栗軒玄三《いちぞくけんげんさん》らも桜井寺を道理とする意見を義元に披露、義元判物の発給へとつながっている。義元や玄三らから、元実らに宛てて解説が加えられているのは［戦今一四五八・一四六〇］、財賀寺への説諭が求められていたためであろうか。今川領国における裁判制度の、もっとも整備された姿を示している。

同日、駿州興津（清水市）の興津清房《きよふさ》は、家督の強奪を謀った嫡子彦九郎以下の処遇につき、氏真から判物を下されている［戦今一四六一］。彦九郎はひとまず赦免されたものの、その覚悟を見届けるまでは、彦九郎への継承は容認しないとする。彦九郎への処罰が微温的であったのは、首謀者がほかにある旨を清房が主張したためであり、その糾明も求められている。真相はともかく、興津氏家中に深刻な分裂があったことは確かであろう。

六月十日、駿州清源庵《せいげんあん》（沼津市）の慶順《けいじゅん》首座は、氏真から同庵を安堵されている［戦今一四六四］。看坊《かんぼう》（留守居）の玄阿弥《げんあみ》による、同庵を時衆所《じしゅうじょ》と主張する訴訟に対する裁許で、禅僧たる慶順の主張が容れられたものの、看坊の地位は、一代に限り玄阿弥に保障されている。近世以降における宗派的枠組みでは捉えがたい様相が看取される。

七月四日、遠州天宮郷（森町）における給人武藤氏定と社家中村助太郎の相論に、義元が裁決を下している［戦今一四六七］。本相論は、天文二十二年以前から断続的に争われてきたが、弘治三年に助太郎が陣夫等の代物納入を拒否すると、氏定がこれを訴え出て、その過程において永禄元年、同郷で検地が行われ、助太郎所持の神役田等は氏定の知行外とされたものの、氏定はあくまで助太郎からの徴収を主張し、助太郎はこれを「公事（裁判）之遺恨」、つまり逆恨みと論難している。義元の裁定は、裁判が三年にも及んだことを奉行人の過怠《かたい》とし、助太郎には代物の納所を命じるものの、それを今川氏の蔵入《くらいり》とするものであった。助太郎の勝訴である。

七月五日、吉田兼右《かねみぎ》は、駿河の朝比奈泰忠《やすただ》・泰続《やすつぐ》から黄金を贈られている［兼右卿記］。吉田神道の教線は、駿河にまで伸びていた。

八月八日、大井掃部丞は来年分の滑皮《なめしがわ》等の調達を命じられたが、「急用」がその理由であった［戦今一四七〇］。急用の詳細は不明なものの、毎年の納入量が定められているなど、今川領国における革役の実態をうかがうことができる。

八月十五日、義元は、伊勢外宮（三重県伊勢市）造替の萱米《かやまい》につき、関口氏純《うじずみ》から申し入れる旨を、同宮作所の三神主に報じている［戦今一四七三］。このとき出されたはずの氏純の副状は現存しないものの、以後、氏純は伊勢外宮との取次役としてみえるようになる。外宮では十一月、三河・遠江の萱料に関する言上状が作成されている［戦今参考31］。

八月二十一日、朝比奈輝勝《てるかつ》は、尾張国大高《おおたか》（名古屋市緑区）在城料として、同国下長尾（川根本町）を宛行われている［戦今一四七四］。十月十九日には、同城へ軍勢と兵粮を入れようとしたところ織田方と合戦となり、奥平定勝と菅沼久助が二十三日付で義元から感状を下されている［戦今一四七八・一四七九］。翌年の桶狭間へとつながる尾張進出が、着々と進められていた。

八月二十八日、三州岡崎の酒井忠次《ただつぐ》は、自身の持仏堂賢仰院《けんごういん》に対する軍勢の陣取・諸役の免除を義元から認められている［戦今一四七五］。岡崎松平氏の宿老格を直接把握することで、家中の統制を企図するものであろう。当主の元康は、十一月二十八日、大浜郷（碧南市）内の熊野社と大浜郷惣寺に対し、寺社領を返付している［戦今一四八三・一四八四］。これらの寺社領は元康の代になって押領されていたといい、混乱した領域支配の再建を図る姿勢が看取される。

十一月七日、駿州河東の葛山氏元は、茱萸沢《ぐみざわ》宿中（御殿場市）で駄賃稼《だちんかせぎ》をする者は例外なく伝馬を務めるべき旨を、芹沢《せりざわ》玄蕃助に命じている［戦今一四八二］。伝馬役負担者の確保が困難になりつつあったことが背景にあるのであろう。

十二月二日、某光秋《みつあき》は、借銭の形として入手した遠州江富（不詳）内の安堵を氏真よりうけている［戦今一四八五］。借主甚次郎は、知行を手放したのちの扶養を光秋と約諾しており、その条件をめぐって今川氏に訴えたが、結局、証人もあって光秋の主張が容れられている。二十七日には、駿府浅間社（静岡市）の中村親清《ちかきよ》が、やはり借銭絡みの案件で氏真から安堵をうけている［戦今一四八九］。浅間社では先年、神領の売却が禁じられたが、親清は困窮のため、これに違犯したという。本来、親清は改易されるべきであったが、神役は余人に代えがたいとして、銭主には、年季売りの年月に応じて、親清への買得地一部返還を命じている。

永禄三年（一五六〇）

この年、今川義元は、桶狭間《おけはざま》の合戦において敗死する。今川領国崩壊の起点となったばかりでなく、尾張織田信長の台頭、三州岡崎（岡崎市）の松平元康（徳川家康）自立への画期をなす、日本史上においても著名な一年である。

正月十二日、今川氏真は、甲斐の穴山幡龍斎《ばんりゅうさい》(信友)に新年の祝儀を贈っている[戦今一四九三]。対外的には、やはりすでに氏真が当主であったことが確認される。

二月二十二日、駿府浅間社(静岡市)の塔供養の導師が、氏真により久能寺《くのうじ》(同)院主《いんじゅ》に定められている[戦今一四九七]。三月三日には、同社三月会の道具新調にあたって、蒲原元賢《もとかた》が奉者となり、これを寄進している[戦今一四九九]。

三月十二日、駿州小柳津《おやいづ》(焼津市)の中間藤二郎は、清水湊(清水市)に繋留する船一艘の帆役等を義元から免許されている[戦今一五〇一]。また、買得した知行地についても、分限役等を免除されている。これは、藤二郎が他国への使者を務めるなど、領国の枠組みを超えた広範な活動を示した有徳人たることによるものであり、身分的には中間であっても、その経済的力量は、今川氏にとって貴重なものであった。

三月十六日、義元は、原頼郷《よりさと》の訴訟を退け、遠州春林院《しゅんりんいん》(掛川市)に田地を安堵している[戦今一五〇二]。頼郷は困窮により田地を手放し、今川氏に救済を求めたが、義元は、春林院が無縁所であり、祠堂銭《しどうせん》による買得であるため、ほかの借米銭とひとしなみにはできないという。十八日には、三州古部郷《こぶ》蓬生村《よもぎゅう》(岡崎市)の小嶋正重《まさしげ》が、寄親《よりおや》にあたる粟生永信による古部郷検地に際し、自身の知行分は対象外である旨を義元から認められている[戦今一五〇三]。しかし、これらの相論は、桶狭間における義元の死没後、再燃する。

三月二十日、関口氏純は伊勢外宮（三重県伊勢市）の作所三神主に宛てて、萱米料について申し入れている［戦今一五〇四］。同書状では、義元が近日尾州境目に進発することも、あわせて報じられている。

四月二十二日、駿州永明寺（富士市）の住持職をめぐる相論に、氏真の裁許が下された［戦今一五〇七］。前住持は祖麟《そりん》に譲状を遺していたが、その臨終の際に押し入った宝寿寺某が後継を主張したため、奉行人を介した両者の対決の結果、祖麟の主張が容れられた。

丸子宿の伝馬掟改定

四月二十四日、氏真は、駿州丸子宿《まりこ》（静岡市）の伝馬掟を改定している［戦今一五〇八］。先年、「公方荷物」は一里一〇銭の公定料金を不要と定められたが、それにことよせた伝馬が増大し、宿は困窮しているという。以後は、氏真の側近である三浦正俊の加判のない手形は、公方荷物であっても公定料金の徴収を命じている。

義元、三河守任官

五月八日、義元を三河守に、氏真を治部大輔に任じる口宣案《くせんあん》が作成された［瑞光院記］。あわせて氏真は、従五位下に叙位されている［歴名土台］。義元の三河守任官をめぐってはさまざまに議論があるが、義元が直後に戦死したこともあり、その評価は難しい。一方、氏真については、彼が治部大輔を称した事例がみられないことから、氏真がこの任官をさして重視していなかったことがうかがえる。

義元、桶狭間で敗死

五月十九日、義元は、桶狭間の合戦において敗死する［信長公記］。同合戦をめぐっては、義元

桶狭間史跡公園

の出陣意図、両軍の進軍ルートなど、現在も諸説が提起されているため、立ち入ることは避け、詳細はコラムに譲りたい。ここでは、義元の末路について、相対的にはもっとも信の置けるとされる「信長公記」首巻に基づき、叙述するにとどめておこう。信長みずから陣頭に立っての再三の突撃により、義元の本陣は次第に手薄となっていった。義元は、服部小平太の膝口を切ってこれを退けるものの、毛利新介に斬り伏せられ、ついに首級を渡すこととなった。義元の頸は、討ち取られた諸将とともに清洲（名古屋市）にて実検に供されたのち、捕虜となっていた義元の同朋衆に託され、駿河へと帰還した。また、義元が帯びていた太刀は信長の所用となり、現在は建勲《たけいさお》神社（京都市）に伝来している［戦今一五三六］。義元の葬儀は六月五日、東谷宗杲らによって挙行された［戦今一五四二・一五四三］。法名は天沢寺殿四品前礼部侍郎秀峯哲公大居士、享年四二。

敗戦直後の混乱の収拾を図るべく、五月二十二日、三浦正俊が某城に在番中の松井貞宗を慰問している［戦今一五三七］。貞宗息の宗信の消息を気遣いつつ、城の防備や人質の管理について注意を喚起している。なお、宗信は戦死を遂げていたことが、のちに判明する。二十五日には、氏真が天野景泰に対して某城を堅固に守るよう求め、近日の出馬を予告している［戦今一五三九］。現存しないが、正俊からも副状があったらしい。六月十二日には鵜殿十郎三郎に対し、大高口（名古屋市緑区）における両度の忠節につき、感状が下されている［戦今一五四六］。

松平元康、岡崎復帰

義元の戦死によって、今川氏の前線は総崩れとなった。そうしたなか、尾州鳴海城（名古屋市緑区）にあった岡部元信《もとのぶ》は踏みとどまり、氏真の命によって退城する途上、三州苅屋城（刈谷市）を攻略し、水野藤九郎を討ち取る勲功を立てている。これにより六月八日、元信は、数年来没収されていた本知行を還付されている〔戦今一五四四〕。元信に対しては、十三日付で、甲斐の武田信玄からも賞賛の書状がもたらされているが、元信は本領を逐われた際に甲斐に数年在国していたらしく、その所縁により、氏真への取りなしを求められている〔戦今一五四七〕。氏真周辺には、信玄を誹謗する「佞人之讒言」に満ちていたらしい。また、元信は、九月一日には父玄忠の隠居分も安堵されている〔戦今一五七三〕。

今川氏の勢力後退は、松平元康にとって、岡崎復帰の絶好機となった。元康は六月三日、崇《すう》福《ふく》寺《じ》（岡崎市）に対して禁制を下している〔戦今一五四二〕。七月九日には、山中法蔵寺（同）にも禁制と、寺領安堵の判物を下している〔戦今一五五三・一五五四〕。山中は、父広忠の代に闕所とされて作手（新城市）の奥平氏に宛行われていたから、その奪還には期するものがあったであろう。

六月十六日、三河の簗瀬《やなせ》九郎左衛門尉は、某城に攻め寄せた奥平久兵衛尉以下を討ち取った勲功を賞され、あわせて、家中の者が敵方に奔った場合の跡職の差配も認められている〔戦今一五四八〕。八月三日には、遠州小野田村（袋井市）の本間兵衛五郎が、福嶋彦次郎の逆心に同調しなかった忠信により、知行を安堵されている〔戦今一五六四〕。彦次郎の素性は不詳だが、遠州高天神《たかてんじん》(小笠町)福嶋氏の末葉とすれば、譜代層にも深甚な動揺が波及していたこととなる。

七月二十日、海老江菊千代は、遠州浅羽《あさば》(袋井市)ほかの新田に知行と代官職を宛行われている〔戦今一五五五〕。同地は水損により数年来不作地であったが、開鑿による大規模な再開発がなされた。その功により、たとえ新田を旧領主に還付することがあっても、原則として半分は菊千代が知行し、残る半分を菊千代が代官としてその領主に納入すべき旨を定めている。ただし、普請に協力した小笠原某は例外として、知行半分が渡されている。二十四日には、駿州龍津寺《りゅうしんじ》領服織郷《はとり》(静岡市)において、本田分と新田分との間に境論があり、奉行による境改めによって、拾石嶋《じっこくじま》が寺領として安堵されている〔戦今一五五七〕。災害や戦乱による荒廃の一方で再開発があり、それは新たな紛争をも惹起しかねないものであった。

桶狭間の敗戦は、義元や松井宗信にとどまらず、甚大な人的損失を領国にもたらした。

七月晦日、駿州鎌田原《かまたはら》の平野鍋松は、父輝以の討死の忠節により、当知行・代官職を安堵されている〔戦今一五六〇〕。

八月五日、遠州龍潭寺《りょうたんじ》(引佐町)は、井伊直盛の菩提所として氏真から寺領等を安堵されているが〔戦今一五六五〕、直盛も桶狭間において戦死したという。一方で朝比奈親徳は、直前に鉄砲により負傷していたために本陣におらず、一命をとりとめたという。親徳は三河に残留していたが、八月十六日、安房妙本寺(千葉県鋸南町)に対し、帰国のうえ駿州久遠寺(富士宮市)の継目安堵について、氏真に披露する旨を報じている［戦今二八一三］。

九月五日、遠州日比沢（三ヶ日町）の後藤亀寿は、当知行所々を安堵されている［戦今一五七四］。十二月十一日、これとは別個に松端崎（不詳）も安堵されているが、父とみられる真泰が「今度」討死とみえる［戦今一六二一］。あるいは、真泰も桶狭間の戦死者であろうか。

九月には、三月に一時収束した小嶋正重と粟生永信の相論の再発が知られる。十五日、三浦正俊らが正重を駿府に召喚している［戦今一五七八］。永信の主張は、正重の知行は元来、寄親たる永信から「内合力」として与えられたものであり、正重が義元から安堵をうけたのは不当とする。裁定は十一月十三日に下され、正重の主張が再度容れられた［戦今一六〇二］。一方で正重は同時に、別個の案件も抱えていた。同日、その裁許もなされたが、争点は、同名源次郎が正重の指揮下から離れたために、その知行没収を正重が求めたもので、やはり正重の勝訴となっている［戦今一六〇三］。源次郎は正重の寄子《よりこ》の立場にあったことになるが、寄親からの介入を忌避する寄子の、重層的なあり方が示されている。

義元の裁定により敗訴となった者にとって、その死は、挽回の好機と映ったらしい。九月二十一日には、三月と同様の原頼郷の訴訟が、ふたたび退けられている［戦今一五七九・一五八〇］。十月十六日、遠州棚草郷《たなくさ》（菊川市）の長谷川安清《やすきよ》が名職の安堵をうけたのも、天文二十四年の訴訟の再発を恐れてのことであろう［戦今一五九四］。すでに家督は氏真に譲られていたものの、義元の死をもって今川領国の代替わりととらえ、再審を求める機運が醸成されていたのであろう。徳政状況が現出しつつあったのである。

牛久保(豊川市)牧野氏家中の岩瀬雅楽助は、九月二十七日、貸付米銭や永代買・年季買地につき、徳政停止の判物を得ている[戦今一五八四]。雅楽助は、鵜殿・奥平・菅沼等の有力諸氏に債権を有し、駿府(静岡市)において酒屋を営むなど、広範に経済活動を展開する有徳人であった。十月十日、吉田(豊橋市)蔵入未進分の債務破棄を認められた本田助太夫が、それをほかの借銭にも準用しようと図ったため、雅楽助はあらためて徳政停止を保障されている[戦今一五九〇]。雅楽助の子息小次郎も今川氏の直臣化し、十月八日、牛久保領内に知行を宛行われている[戦今一五八八]。一方、雅楽助の父和泉入道は、今川氏からなんらかの嫌疑を蒙ったが、雅楽助の奔走により、十日に赦免されている[戦今一五八九]。

十月七日、三州田峯(設楽町)の菅沼久助は、知行等を安堵されている[戦今一五八七]。桶狭間当時、久助は義元率いる本隊には従わず、武節《ぶせつ》(豊田市)方面に進出していたという。

十一月六日、石田式部丞は、三州小郷《こごう》(豊橋市)内等の名職・代官職を安堵されている[戦今一六〇二]。式部丞は、父の代から吉田(同)蔵米方の奉行も担っていたため、今後は陣番を「先方次」から「奉行次」に改めるという。今川氏の軍役賦課には不明な点が多いが、その一端を垣間見せる事例である。なお、十二月十一日、大村高信《たかのぶ》は、衣(豊田市)領内蔵入分からの扶持に代わ

穴山幡龍斎死没

り、吉田郷等に替地を宛行われているが、詳細は吉田奉行人との相談により定めるべきとされている「戦今一六二二」。

十一月一日、原田三郎右衛門らは三州八桑《やくわ》（豊田市）を攻撃、その戦功により、十五日に感状を下されている「戦今一六〇七」。もっとも、このときの敵方は未詳である。

十二月二日、松井宗恒《むねつね》は、父宗信の桶狭間における戦死の勲功により、遠州蒲《かば》（浜松市）東方内に知行を宛行われている「戦今一六一五」。宗信は、河東一乱に始まり三河・尾張を転戦しており、その間の軍功も書き上げられている。ついで九日、遠州所々の知行分および同心（寄子）も宗恒に安堵されている「戦今一六一六・一六一七」。粟生永信と小嶋正重にみたような、寄親寄子関係により惹起される対立の背景には、かかる寄子の権益化があった。

十二月二十一日、旦過堂《たんがどう》からの借銭未済があった場合、公方人による譴責が伊東元実らに命じられている「戦今一六二九」。かかる強制執行は、領国内の徳政状況に対する強権的対応かもしれない。

十二月十六日、穴山幡龍斎が死没した。二十三日、氏真は嫡子信君《のぶただ》に弔使を遣わし、香奠を進めている「戦今一六三〇」。今川氏と武田氏とを長らく媒介した幡龍斎の死が、以後の両者の関係に及ぼした影響は、いかばかりであったであろうか。

コラム　「塗輿」から桶狭間合戦を読み解く

大石泰史

義元による永禄三年五月の尾張出兵の目的について、かつては上洛説が語られたものの、現時点では非上洛説が主流となった。非上洛説を年代順にまとめると、

・久保田昌希＝西三河支配安定化を目的とした背後の尾張攻撃説〔「戦国大名今川氏の三河侵攻」『駿河の今川氏』三　一九七八〕
・長谷川弘道＝尾張だけでなく伊勢・志摩の制圧志向説〔「永禄三年五月の軍事行動の意図」『戦国史研究』三五　一九九八〕
・小和田哲男＝尾張への領土拡張説〔『今川義元』ミネルヴァ書房　二〇〇四〕
・有光友學＝尾張那古屋にいた旧那古屋今川氏の支配領域の奪還・回復説〔『今川義元』吉川弘文館　二〇〇八〕
・藤本正行＝尾張国内の橋頭堡鳴海・大高・沓掛の各城の封鎖解除・確保志向説〔『【信長の戦い①】桶狭間・信長の「奇襲神話」は嘘だった』洋泉社新書y　二〇〇八〕

となる。義元の尾張関係文書を踏まえ、現時点での諸説への筆者の考えを述べることにする。

義元の尾張関係文書の初見は、天文十九年九月十七日付白坂（瀬戸市）雲興寺宛の定書である〔戦今九六三〕。これは「定」とあるが、内容は制札であるため、雲興寺が今川氏に文書発給を申請して発せられたと想定される。これより前の八月二十日時点で、駿東郡の国衆葛山氏元が「尾州へ出陣」のために当年より千疋遣わすとの文書を発給しており〔戦今九五九〕、その段階で葛山氏が今川氏の命令で尾張国へ出陣する準備をしているので、今川氏の命令系統が国

衆にまで及び、葛山氏を軍事的に引率する状況が整っていたことを示している。

二通の文書に約一ヶ月の間隔があり、九月の時点で氏元自身も出陣したかは不明である。制札の発給＝軍事行動の発現というわけでもないので、明確なことは言えないが、それでも二点の文書から、義元は尾張方面への準備を整えてから出陣している点は指摘できるだろう。

その後、弘治三年十二月三日付鳴海東宮大明神禰宜二郎左衛門（名古屋市緑区）宛に社領を安堵した義元朱印状［戦今一三七五］が発せられ、さらに永禄二年十月二十三日には、大高城（同区）に兵粮を入れている［戦今一四七八・一四七九］。大高城のような最前線に兵粮や常備軍の駐留などを行っていることを見ても、合戦がいつ勃発しても問題の起こらないよう、義元は戦いのために周到な準備を行っていたと判断できる。

では、永禄三年五月に桶狭間合戦が起こったときはいかがであっただろうか。

用意周到な義元が上洛するのであるならば、拠るべき京都の公家や寺社等に連絡したはずである。また、尾張全域という領土を拡大したり、同国内での旧那古屋今川氏の支配領域を奪還するのであれば、尾張の背後の美濃に対し、何も調略を図っていないのをどう判断するか。さらに尾張国内の国衆に対しては、鳴海城の山口左馬助のみ調略が図られていたようであり、他の国衆への調略がまったく見えないことをどのように考えるか。

こうしてみると、筆者は上洛説、および尾張・伊勢・志摩への領域拡大、加えて旧那古屋今川氏領域の奪還説に関しては、安易に首肯することはできない。したがって、現時点で久保田説か藤本説のいずれかの考えとなるが、両者ともに妥当であると考えられるので、あえて二者択一に拘泥することはないと思っている。

ところで、これらとは違った観点から義元西上の原因を一つ提示したい。キーワードは「塗輿」である。塗輿に乗って義元が西上したことは知られており［静岡7二七五三］、そのため後世、義元は「公家化した戦国大名」と揶揄されるようになったのも周知のことである。

「信長公記」には、義元が討ち取られるシーンで「今川義元の塗輿も捨てくつれ逃けり」と記されている。通説では、義元の本陣近くに塗輿があるのだから、その塗輿は義元のものと判断したのだろう。また「乗物」として「塗輿」があるのだから、輿と馬の両方を用意していたのではなく、どちらか一方との推測から、義元が輿に乗って出陣したと判断したと思われる。

だが、武将の出陣を「出馬」と表記する以上、義元もこの出陣で馬を連れていた可能性を考えてもよかろう。また、五月十二日に駿河を出発してから義元が毎日乗り継いでいたかどうか、加えて合戦の当日も輿に乗っていたのか、これだけではっきりしない。すると、この記事だけで義元が輿に乗って西上していたと判断するのは早計だろう。

とはいうものの、塗輿が義元本陣の近くに残されていたことは重要である。というのは室町時代以来、輿に乗る人物は限られていたのである。室町期、細川・斯波・畠山・赤松・京極・大内・伊勢のほか、許可された国持大名のみに許されていた［二木謙一『中世武家の作法』吉川弘文館 一九九九］。これを「乗輿《じょうよ》の制」といった。

当初、今川氏は輿に乗ることが許されていなかったはずである。管見の限り、筆者は今川氏が乗輿したという記事を知らない。となれば、この西上段階になって乗輿が許されたということになる。義元は「許可された国持大名」という上級の身分階層になったのである。

ここで注目されるのは、遠江・尾張守護の斯波氏は、室町期に乗輿が許された存在だったということである。今川氏は「足利氏の一門」で、東海から東国にかけて際立って家格の高い位置にあった［谷口雄太「足利一門再考」『史学雑誌』一二二─一二等］が、ここに至って斯波氏と比肩される存在となったのである。しかも義元が輿に乗れば、当時の多くの人々が斯波氏と同等のレベルになった今川氏を認知できるという視覚的な効果をもたらしたはずである。

さらに、義元が乗輿して駿河府中を出発し、遠江—三河を抜けて尾張に入った場合、〝東↓西へと向かう輿に乗った人物の行列〟というものを、当時の人たちは初めて見たことになったと思われる。というのは、尾張に在国していた斯波氏が三河を通過して遠江に入ったであろう永正十年(一五一三)前後、斯波氏が乗輿していたかどうかは不明である。斯波氏は天竜川を越えて東遠江に行軍していないので、西遠江に居住していた人物が、仮に斯波氏の「乗輿姿」を見ていたとしても、西↓東に向かっての移動を視認したことになるはずである。

東↓西へ斯波氏が移動する場合は、遠江から出国する「敗軍としての斯波氏」となる。永禄三年に義元が輿に乗っていたのであれば、領国内も安定し、意気揚々と東から西へと向かったであろう。永正十三年から四十年余り、遠江において乗輿した人物を視認することはほとんどなかったはずなので、その行軍の数を含め、当時の人々を驚愕させたと思われる。

とするならば、遠江・尾張守護であった斯波氏を意識した、両国在地の人々へのデモンストレーションと捉えることは許されないだろうか。遠江はすでに落ち着いていたので「軍事的パフォーマンス」として効果的であったと思われる。一方、尾張では、織田信長の系統である織田弾正忠家が尾張守護代の庶流であったことは、当時の人々に認識されていたであろう。つまり、織田氏と今川氏の家格の違いを見せつけることで、国内の民衆だけでなく、国衆レベルの人物に対して今川氏へ抵抗する意欲を削ごうとしたとも考えられるのである。

以上、これまで今川氏の「負」の側面を助長していた塗輿から、別な桶狭間合戦像を提示してみた。当時の状況に鑑みれば、合戦の目的をあえて一つの説に収斂する必要はない。様々な資料・情勢等、柔軟に検討していく必要があると考える。

長尾景虎、松山城に侵攻

松山城跡

永禄四年（一五六一）

正月、長尾景虎が上野国から武蔵国松山城（埼玉県東松山市）へ侵攻し、北条氏の河越城（埼玉県川越市）の部隊が迎撃にあたる［戦北六九三］。今川氏は河越城に援軍を派遣しているが、河越城の死守は同盟国北条氏にとって重要な問題であり、今川氏にとっても見過ごせない事態であった。

正月十七日、氏真は松平清善《きよよし》（三州竹谷）に改年の祝儀として太刀一腰と鳥目百疋を受け取る代わりに一振を与える［戦今一六三五］。このとき松平清善が駿府の今川館へ出仕したかどうかは不明であるが、この時点で清善が今川氏に従属していることが判明する。問題となるのが、三州岡崎の松平元康の出仕である。一次史料からも二次史料からも元康の出仕は確認できない。こうした状況を踏まえ、元康はすでに今川家から離れているという見解がある。しかし、元康は最前線にいて織田氏と対峙しているために出仕できる状況にないと考えられる。

二月二十八日、尾上彦太郎弟は、前年の五月十九日の桶狭間の戦いにおいて、義元の供をして討死した遠州犬居の天野氏同心尾上彦太郎の跡職を氏真から安堵される［戦今一六四七］。彦太郎の戦死から約九か月が経過しているが、おそらく、彦太郎弟は桶狭間合戦後の混乱等に忙殺され、駿府へ出仕できなかったものと考えられる。

三月十日、氏真は松平家忠《いえただ》（三州東条）に新年の祝儀の返礼として一振を与える［戦今一六五四］。

松平元康、今川氏から離反

松平家忠も松平清善と同様に駿府へ赴いたかどうかは不明である。しかしながら、三河の状況を踏まえると、家忠は使者を派遣するにとどめ、自身は駿府へ行くことはなかったと考えられる。二十四日、今川氏真が近日出馬するとの情報が北条氏康家臣の大藤秀信《だいとうひでのぶ》宛の北条宗哲《そうてつ》(幻庵)書状に見える[戦今一六六二]が、実際には氏真の出馬はなかったと考えられる。

閏三月四日、氏真は河越城に籠城している家臣の小倉内蔵介を慰労する[戦今一六六六]。河越在城中の北条氏尭《うじたか》は氏真家臣の畑彦十郎に正月中の松山城(東松山市)における戦功を賞し、帰陣後には氏政へ上申することを約束している[戦北六九三]。氏尭の判物[戦北六九三]を披見した北条氏政は小倉に謝意を表す[戦今一六八二]。翌四月八日、氏康・氏政は小倉に対して河越城での粉骨を氏真に伝えると約束し、太刀一腰と河越荘内網代《あじろ》郷を与えている[戦今一六八〇]。四月二十二日に氏政の感状[戦今一六八〇・八二]を披見した氏真は、畑彦十郎と小倉内蔵介の河越籠城を賞しているので[戦今一六九〇・九二]、八日の約束が果たされていたことがわかる。

閏三月十六日、長尾景虎が関東管領上杉氏を継ぎ、上杉憲政の「政」の偏諱《へんき》を授かり、上杉政虎《まさとら》と名乗る。二十一日、松平元康が三州の簗瀬家弘《いえひろ》・三州の原田種久《たねひさ》・原田藤左衛門尉に対し、各人の進退保障等を内容とする起請文を与える[戦今一六七二]。松平元康の対今川氏への敵対行動の初見であり、今川氏との合戦に備えた諜報活動の一つと考えられる。

四月十一日、松平元康が今川氏から離反[戦今一七〇三]し、今川方の牛久保城(豊川市)を攻撃し

三州作手・亀山城跡

た。牛久保の牧野平左衛門入道・三州嵩山の西郷正勝等も今川氏から離反した。これにより、三河国が今川方と反今川方という状態に陥った。しかしながら、三河国衆の立場は一定していたわけではなく、ある時は今川方、またある時は反今川方というように、不即不離を繰り返していく。氏真は十一日の牛久保合戦において戦功を挙げた真木《まき》重清《しげきよ》・重基《しげもと》・稲垣重宗《しげむね》の忠節を賞し、今川氏に一味した鵜殿《うどの》十郎三郎の忠節を賞している［戦今一六八二・八四〜八六］。

五月二十八日、冨永口（新城市）で合戦が起き、千賀《ちが》与五兵衛・稲垣重宗が戦功をあげる［戦今一八五四］。松平元康は今川方への調略を進めており、牧野正重《まさしげ》の起請文を預かり祝着であること、正重の進退について見放さないことを約束している［戦今一六九七］。

六月、氏真は牛久保合戦における稲垣重宗・長茂《ながしげ》父子の忠節、元康離反後も今川方への従属を続ける三州作手の奥平定勝《さだかつ》・定能《さだよし》父子の忠節を賞している［戦今一七〇六〜〇八］。二十日、遠州匂坂（磐田市）の匂坂長能《さぎさかながよし》は牛久保城在城に伴う四〇〇貫文を宛行われる［戦今一七一二］。牛久保城は松平元康等の攻撃を受けたことからもわかるように、今川方と反今川方の境目の城であった。このような状況下において匂坂が在城を申し出たことは氏真にとって非常に喜ばしいことであったと考えられる。

七月十二日、三州の田嶋新左衛門尉は六日の嵩山《すせ》市場《いちば》口長沢《くちながさわ》（豊橋市）において奔走したことを氏真に賞される［戦今一七二一］。二十日、牛久保の牧野氏一族である牧野成定《なりさだ》が敵地（比定地不

元康、上之郷城・長沢城を攻撃

今川方、三州嵩山城攻撃

詳・松平方であろう）へ逃げ込むと、稲垣重宗の弟氏連《うじつら》がくみしたが、重宗自身は今川氏に味方していることを申し出て、氏真より重宗の進退を保障された「戦今一七二五」。

八月九日、松平元康は鵜殿長照《ながてる》の上之郷城（蒲郡市）を攻撃するが、松平方を切り崩し、随分の者八人を討ち捕った長照に感状（十二日付）が与えられる「戦今一七三四」。二十日、今川方の糟屋善兵衛尉等が守る三州長沢城（豊川市）が松平元康の攻撃を受け、糟屋等は長沢城を棄て駿河国に撤退する「家忠日記増補追加」。上之郷城は鵜殿氏が持ちこたえたものの、長沢城は松平方に落ちてしまう。二十六日、去年九月十日の梅坪合戦で戦功を挙げた三州の鱸信正《すずきのぶまさ》に氏真の感状が出される「戦今一七三八」。

九月四日、大塚口（蒲郡市）で今川氏と松平元康との合戦が起き、千賀《ちが》与五兵衛が戦功をあげる「戦今一七四一・一八〇五」。十一日、今川方が三州嵩山《すせ》城（豊橋市）を攻撃し、西郷正勝《さいごうまさかつ》を討ち捕る「石巻宮織女帳・寛永諸家系図伝・寛政重修諸家譜」。しかしながら、西郷氏は反今川の立場を維持し、今川氏は西郷氏を味方に引き入れることはできなかった。二十一日、三州細谷（豊橋市）の野々山四郎右衛門尉は、細谷代官職と給分五〇貫文を先判に任せて氏真から安堵された「戦今一七五〇」。この安堵は四月十一日に牛久保が松平元康に攻められた時、野々山が人質を出して忠節を遂げたことへの恩賞である。

十月、嶋田取出城（新城市）で戦闘が起きた。奥平定能の粉骨と同名被官人等の働きが十二月五日付の氏真感状［戦今一七七八］に見えるが、奥平の戦闘相手が不明である。場所からすると［戦今一七八〇］菅沼定盈《さだみつ》の可能性が考えられる。

菅沼定盈の逆心

十二月九日、三州野田（新城市）の菅沼定盈は逆心し（逆心は十月以前）松平方へ属したが、菅沼氏に同心しなかった岩瀬小四郎の忠節を氏真は賞し、来年から代官職一所を申付けると約束する［戦今一七八〇］。代官職一所が菅沼の所持していた権利かどうかは定かではない。

この月、上杉政虎が、将軍足利義輝《よしてる》の「輝」の偏諱を授かり、上杉輝虎《てるとら》と名乗る。

永禄五年（一五六二）

平居城の破却命令

正月十四日、氏真は永禄四年四月に離反していた菅沼貞吉《さだよし》を赦免し、父大膳亮の本地をことごとく還付し、平居城《ひらい》（新城市）を来年破却することを命じる［戦今一七八七］。今川氏の城割（破城）が確認できる数少ない事例の一つである。二十日、将軍足利義輝が今川氏真に御内書を送り、松平元康との和睦を求める［戦今一六三六］。同内容のものが北条氏康と武田信玄にも送られている［戦今一六三七・八］。

鵜殿長照戦死

二月六日、松平元康が伴与七郎に対し鵜殿長照を討ちとったことを賞する［戦今一七九二］。元康は鵜殿氏の居城上之郷城（蒲郡市）を攻めて長照を戦死させ、長照の子二人（氏長・氏次）を捕縛することに成功すると、この二人と駿府に人質となっていた、築山殿《つきやまどの》（元康室）・信康《のぶやす》（元康長

今川氏、人質を処刑

氏真、三州出馬

上之郷城跡

男）・亀姫《かめひめ》（元康長女、奥平信昌《のぶまさ》室）との交換を行った。人質交換に応じなければ、三河国衆のさらなる離反が相次ぐ可能性が考えられ、氏真は応じる必要があったのであろう。上之郷城落城後、今川氏から離反した竹谷松平氏・形原松平氏・西郷氏・菅沼氏・奥平氏等の人質たちは吉田城下において処刑されたという（年月日については永禄四年四月の松平元康の離反後という説もある）。しかし、奥平氏については永禄五年二月以降も今川氏の従属下にあり、明らかな誤りであることがわかる。とはいえ、人質の処刑自体が捏造されたわけではなく、再考を要しよう。十六日、小坂井八幡宮（小坂井町）に氏真の禁制が与えられる［戦今一七九四］。

この月、氏真は三河へ出馬する［戦今一八五五］。氏真の三河への出馬が確認できる唯一であるが、出陣先も出馬の理由も不明である。しかし、氏真自身の出馬が功を奏したのか、今川氏が若干盛り返す。

三月二日、今川方の朝比奈泰朝《やすとも》は井伊直親《なおちか》を松平元康に内通したとして殺害する［異本塔寺長帳・家忠日記増補追加］。遠州井伊谷の井伊氏も今川氏からの離反をはかっていたのである。今川方の鵜殿長持《ながもち》が守る三州西郡城（蒲郡市）が松平元康の攻撃を受けるが［家忠日記増補追加・松平記］、西郡城が落城したかどうかは不明。

四月七日、冨永城において合戦が起こる［戦今一八二七］。このとき千賀与五兵衛は最前を駆けて松平方を討ち捕り、牧野成定被官の稲垣重宗は冨永（新城市）・広瀬（豊田市）合戦で敵一人を突

北条氏康、元康と氏真の和睦を求める

吉田城跡遠景

き伏せている［戦今一八二八］。富永城は重宗等の働きもあって今川方が保ち得たが、三十日、松平元康は大塚の岩瀬吉右衛門に岩瀬の覚悟を賞して大塚郷（蒲郡市）一円を与えている［戦今一八一三］。

五月一日、北条氏康は松平元康家臣の酒井忠次《ただつぐ》に書状を送り、元康と氏真との和睦が成るように忠次の奔走を求めた［戦今一六九二］。氏康はほぼ同内容の書状を尾張刈谷城主の水野信元《のぶもと》にも送っている［戦今一六九三］。

六月、牧野新二郎・保成、大原資良《すけよし》の守る吉田城が松平元康に攻められる［松平記］。七月二十六日には三州堂山（未詳）で合戦が起き、千賀与五兵衛は西郷豊後を討ち捕り、三浦土佐守の被官井出藤九郎が白石縫殿助を討ち捕った［戦今一八四七・五七］。七月二十七日の一橋（未詳）での戦いでも千賀は敵の首を一つ討ち捕っている［戦今一八四七・八］。一次史料では確認できないが、東三河の重要拠点である吉田城にまで攻め込まれる事態に陥っていたようだ。

八月七日、稲垣重宗は永禄五年の数々の戦功を氏真に賞される［戦今一八五三〜五六］。

九月十三日、氏真は鵜殿休庵《きゅうあん》に書状を送り、鵜殿長照の討死後の休庵自身の馳走を褒める［戦今一八六四］。長照後継の氏長は家督を継いだばかりということに加えて、十代半ばであり、休庵の手腕に上郷鵜殿家の行く末が託されていたのであろうか。十八日、武田信玄は宇都宮広綱《ひろつな》に、来月下旬に今川氏・北条氏と連合し、利根川を越え上杉氏と決戦すると伝える［戦武七九六］。

実際には今川軍は参戦しなかったと考えられる。二十二日、牧野定成は籌策をもって松平方の大塚城(蒲郡市)を乗っ取る[戦今一八六六]。大塚城の攻防戦において岩瀬吉右衛門は戦死している[戦今一八八三]。二十九日、三州八幡で松平方と合戦が起き、牧野成定・牧野八太夫・千賀の被官が戦功をあげる[戦今一八七四〜七七]。

十月一日、氏真は八幡神社(豊川市)と天王社に禁制を与える[戦今一八六七・六八]。三河において氏真が発した確認できる限りの最後の禁制である。十一月九日の大代口(岡崎市)における松平元康との合戦では奥平定能と被官が奮戦している[戦今一八七八〜八〇]。いずれの合戦ともどちらかに圧倒的に有利に働くということはなく、今川氏と松平氏の激突が続いていく。

十二月十四日、岩瀬家久《いえひさ》は家久自身と父吉右衛門尉の戦功を賞され、氏真から本領の大塚(蒲郡市)を返付される[戦今一八八三]。家久が取り戻した大塚は近年飯尾豊前守(連龍)の知行地であったが大塚の地について飯尾豊前守が訴訟を起こしても一切受け付けないとしている。翌年、飯尾氏は今川氏に対する反乱(遠州忩劇)を起こすが、この件も反乱の一要因となったのではないだろうか。

この年、田嶋新左衛門尉が調略によって松平方の一宮端城(一宮町)と地下中へ放火する。この調略がいつのことなのか月日は不明だが、翌年三月二十四日に氏真の感状が田嶋宛に出ている[戦今一九〇四]。今川方の匂坂氏が守る牛久保城の周辺が松平元康の手に落ちつつあったこと

元康嫡男、信長次女と婚約

が一宮端城と地下中への放火の一事によってもわかる。

永禄六年（一五六三）

二月二十四日、田嶋新左衛門尉は、永禄三年沓掛《くつかけ》（豊明市）の戦場に義元の判物を持ち込んで紛失してしまったため、改めて氏真から給恩分の安堵を受け、被官七間分の棟別・押立・四分一等の諸役も免許された［戦今一八九一］。

三月、松平元康嫡男竹千代（信康）と織田信長二女徳姫《とくひめ》との婚約が成立する。元康が織田氏と縁戚関係となることで、西三河においていまだ元康と対立している大給松平氏や足助鱸氏に対して挟撃態勢を整えることが可能となった。

四月、氏真は「三州（三河）急用」の名目で臨時に棟別を賦課する。その対象は駿河・遠江の給人・寺社であったと考えられる。なかには再度棟別免除を申請して、棟別免除の判物を得た給人・寺社もあった［戦今一九〇八・〇九・一八・二八］。

五月十二日、三州御油口（豊川市）の合戦で遠州高天神小笠原清有《きよあり》が戦功をあげ［戦今一九二三］、氏真家臣の三浦正俊《まさとし》も御油口片坂で功をあげ、三河境目の三〇〇貫文を宛行われている［戦今一九二七］。前年の一鍬田合戦（新城市）でも小笠原清有被官が戦功をあげたことが六月一日付氏真の感状でわかる［戦今一九二二］。

五月十四日、奥平定能父子のはたらきかけにより菅沼貞吉が今川方となる。この恩賞として、氏真は菅沼定盈の本地等三五〇貫文を定能に与えている［戦今一九一三］。

六月、松平元康は三州佐々木（岡崎市）の松平直勝《なおかつ》に取出の守備を命じる［愛11二九四］。直勝の守備した取手については、「大野取出」ではなく「上野取出」と読むことができ、一揆方の酒井忠尚《ただなお》の上野城（豊田市）に対抗したものであるという指摘がある。元康と対立している上野城に対する取手であるので、元康と一揆との対立が確認できる初見となる。

元康、家康に名乗りを改める

七月、松平元康は今川義元の偏諱「元」の字を捨て、家康《いえやす》と名乗りを改める。

遠州忩劇の幕開け

十二月初旬、遠江国衆の飯尾豊前守（連龍）が逆心し、連龍家臣の一部・飯尾土佐や江馬弥七が、遠州頭陀寺城（浜松市）に立て籠もる［戦今一九七八］。飯尾連龍の逆心によって惹起した「遠州忩劇」の幕開けであり、やがては今川領国の崩壊へという状態にまで追い込むこととなる。二十日、氏真は富士又八郎・小笠原清有に対し飯田口（浜松市）合戦における戦功を賞する［戦今一九四七・四八］。二十六日、氏真は本田助大夫に本知を還付し、伊奈城（小坂井町）一円で踏みとどまるとの本田の言上を認めて新知を扶助する［戦今一九四九］。豊川の河口にある東三河の伊奈城は、松平方の勢力が強まるなか、牛久保城とともに今川方の重要な軍事拠点であった。

三州一揆

この年、三河では一揆が起こり、家康はその対応に苦心する。前年来続いていた家康の東三河平定への動きが一時中断することとなったが、ほぼ同時期に遠江国では飯尾氏をはじめとし

遠州天野氏の逆心

て天野氏・松井氏らも加わった「遠州忩劇」という今川氏に対する大規模な反乱が起きた。一揆の対応に追われる家康が裏で手を引き、今川氏の直属被官や従属国衆らを松平方に寝返らせてゆく「遠州忩劇」は、氏真にとって非常に手痛いものとなった。

閏十二月六日、武田信玄が穴山信君家臣の佐野泰光《やすみつ》に遠江国の実情を聞き、駿河の過半が氏真のものではなくなった場合には早々に知らせろとする。遠江では反乱が起きたけれども、駿河衆が氏真を守り、三河が今川氏の思い通りになるのであれば、関東での在陣を続けると伝えた〔戦今一九五一〕。この時点で武田氏と今川氏は同盟関係にあるが、信玄は状況次第では今川氏への敵対行動を目論んでいたようである。

同月十六日、氏真は朝比奈信置《のぶおき》に飯田口合戦（浜松市）における戦功を賞する〔戦今一九五三〕。二十四日、遠州犬居の天野氏惣領家である天野景泰《かげやす》・元景《もとかげ》父子が逆心、松平元康にくみするが、天野同心の尾上正良《まさよし》は、景泰・元景父子に従わず、今川氏に忠節を遂げた。氏真は天野景泰の跡職を庶子家の天野藤秀《ふじひで》に与え、尾上正良には二〇貫文を与えた〔戦今一九五五〕。天野氏一族内でも今川方と松平方に分かれたことは今川氏にとって痛手であった。

この年、武田信玄は、松平家康への計略を用いて、下条信氏《のぶうじ》を半途《はんと》へ遣わして松平の使者との密談を試みる。もしも、家康に疑念を抱かれた場合には、氏真の書状を見せて、使者を半途へ来させるように急いで連絡しろと命じる〔戦今一九五七〕。半途がどの場所なのか、月日はいつ

遠州引間口合戦

遠州忩劇、遠州東部に及ぶ

なのか、いずれも不明であるが、状況を考えると、「遠州忩劇」が起こる十二月以前であろう。

永禄七年（一五六四）

正月六日、氏真は朝比奈信置に書状を送り、三日の合戦で信置の手の者が奔走し勝利を得、同心被官の手負い、そのほか奔走した人数の書き立てを見た上で感状を遣わすと伝える［戦今一九六〇］。合戦の場所は明記されていないが、昨年閏十二月に引間郷飯田において合戦があったので、同じ場所かその周辺と考えられる。

二月二十四日に引間口で再び合戦が起こる。氏真被官の大村高信《たかのぶ》とその被官・牢人らが戦功をあげる［戦今一九六九～七七］が、この合戦に対する高信に宛ての氏真感状が翌三月二日に八通も発給されているのは、極めて興味深い。昨年の十二月から今川氏に逆心した飯尾氏との合戦が繰り広げられているが、鎮圧できずに苦心している様子がうかがえる。

二月二十五日、氏真は遠州野辺郷の山王神主（豊岡村）と二俣の八幡神主（天竜市）に禁制を与える［戦今一九六三・六四］。遠州忩劇の余波が遠州東部の両地域にも及び、戦乱に巻き込まれているものと考えられる。二十七日、松平家康は今川氏に従属していた奥平定能に対し三五〇〇貫文の知行を安堵する［戦今一九六六］。これ以前に奥平氏が今川氏から離反し、家康に従属していることがわかる。奥平氏は今川方として家康と対峙していたのだが、遠州忩劇の影響も手伝って

奥平氏、今川氏から離反

今川氏劣勢

今川方の援助が見込めないと考え、今川方から家康方へと態度を変えたのであろう。

四月八日、遠州引間の飯尾連龍は、松平家康と対面。鷲津本興寺（湖西市）へ家康軍が乱入する［戦今二〇一］など、今川方に対する松平方の攻撃は激しさを増していく。

五月十三日、松平家康は三州二連木の戸田重貞《しげさだ》に三〇〇〇貫文を安堵する［戦今一九八六］。十四日、家康は三州大塚の岩瀬河内守に対し、味方するのであれば大塚郷（蒲郡市）一円を出し置くとする［戦今一九八七］。十七日、家康は戸田重貞に呼応して、岡崎から東三河に向けて出陣する。この動きに対し牛久保の牧野成定被官の稲垣重宗が馳走をしたのは喜ばしいことだと氏真は成定に伝える［戦今一九八八］。

二十三日、匂坂長能は牛久保在城の代償として氏真から知行を宛行われる［戦今一九八九］が、月日不明なものの、匂坂同名中と牧野伝兵衛は家康側に寝返っている［戦今二〇七三］。奥平氏や戸田氏が今川氏から離反し、家康に従属したことにより（奥平氏の離反は二月以前）、東三河は錯乱状態となる。結果として、家康方は攻勢となり、今川方は劣勢を強いられる状況となった。

六月五日、松平家康は西郷吉員《よしかず》に遠州宇津山（湖西市）の東筋が肝要であるとして遠州井谷領一〇〇貫文等を渡している［戦今一九九四］。東三河が松平家康の手中に収まったわけではないが、遠江国にまで家康の触手が伸びてきており、今川氏が徐々に追い込まれていく様子がうかがい知れる。二十二日、家康は酒井忠次に東三河の管轄を命じ、室・吉田小郷一円を出し置く［愛11

三七七」。かつては永禄七年六月に吉田城が陥落したとするのが通説であったが、「入城した場合は」と文面にあることから、この時点で吉田城は陥落していないことは明らかである。

足助鱸氏・大給松平氏、家康に従属

七月、三河の足助鱸氏と大給松平氏が家康に従う［愛11三八五］。両氏は西三河で反家康勢力として動いていたが、奥平氏や戸田氏の家康への従属や今川方の援軍も見込めないことから家康に従属したものと考えられる。この月、氏真は駿州の惟村《これむら》源六に真の一字を与え、源六は真成《さねなり》と名乗る［戦今二〇〇二］。

八月二十九日、氏真は穴山信君に書状を送り、上杉勢の退散は武田氏にとって安心であるが、その後の様子を知りたいと伝える［戦今二〇〇六］。穴山信君の父信友は武田方の対今川氏外交の窓口として活動していた。父信友が永禄三年に死去して以降、信君は父の立場を継承し対今川氏の外交を担当していた。

九月二十八日、氏真は遠州堀江の大沢右兵衛佐に書状を送り、今回の遠州錯乱について奔走したこと、敵の取出へ一戦しかけたことを比類ないと伝える［戦今二〇一四］。敵の取出は不明であるが、おそらく飯尾氏であろう。

氏真、飯尾連龍を赦免、頭陀寺城の破却

十月二日、氏真は頭陀寺千手院に対して、昨年十二月に逆心した飯尾豊前守（連龍《つらたつ》）を赦免する代わりに連龍の籠もる頭陀寺城の破却を命じる［戦今二〇一五］。赦免と引き換えに城を破却するという城割の事例の一つである。二十一日、氏真は遠州幡鎌の幡鎌山虎《はたかまやまとら》に対し、同名半平《はんぺい》は

寿桂尼最後の発給文書

家康、吉田城・田原城を落とす

今後山虎の同心として陣番等を勤めよと命じる［戦今二〇一七］。半平の寄親新野左馬助は遠州忩劇の最中、飯尾氏を攻撃中に戦死し、それに伴って半平の寄親が山虎に変更されたと考えられる。

十二月吉日、寿桂尼《じゅけいに》（今川氏親室、氏真祖母）は遠州の高松神社（浜岡町）に笠原荘内の同社領である七月朔日祭田について代々の判物に任せて安堵する［戦今二〇一三］。これが寿桂尼最後の発給文書である。

永禄八年（一五六五）

正月二十日、吉田（豊橋市）西手崎堤において家康勢と合戦。鵜殿氏長《うじなが》がこの戦で比類なき軍忠をはたしたことを氏真は大原資良の注進により知る［戦今二〇二五］が、この時点でもまだ吉田城は陥落しておらず、今川氏が死守しているのがわかる。

三月、吉田城と渥美半島の田原城（田原市）が松平家康に攻略されて陥落する。吉田城には酒井忠次、田原城には本多広孝《ひろたか》が入城する。両城の陥落によって今川氏の三河国の軍事拠点がほぼ失われることとなった。しかし、三河国がすべて松平家康方になったわけではなく、牛久保城（豊川市）の牧野成定《なりさだ》が今川方として抵抗を続けていた。一方、家康は遠江への橋頭堡となる吉田城を手に入れたことにより、明らかに優勢となった。

飯尾連龍、家康に内応し処刑

八月十八日、鈴木尉が父の討死により代替安堵を認められた〔戦今二〇四五〕。ただし、鈴木尉の父がいつどこで討死したかは不明である。

九月二十一日、氏真は遠州総真寺（森町）に禁制を与える〔戦今二〇五二〕。敵が反今川方であることは明白であり、総真寺は「遠州忩劇」以来戦乱に巻き込まれていると考えられる。永禄七年のことではあるが、葛山氏元被官の吉野日向守が牛飼《うしかい》（森町）へ出陣しているので〔戦今二〇六二〕、すでに周智郡周辺も反今川方の動きが始まっていたのだろう。

十月初旬頃、武田信玄嫡男義信《よしのぶ》（室は今川義元娘であり氏真妹）・飯富《おぶ》虎昌《とらまさ》（山県昌景実兄）等が信玄の暗殺を試みるが失敗に終わり、十五日、飯富虎昌が処刑される〔甲斐国供養帳〕。飯富の処刑とのちの義信の死去（永禄十年十月）は、武田氏内部の問題にとどまらず、同盟関係にある今川氏にも影響を及ぼすこととなる。武田氏が父子間の問題で揺れる一方、氏真は遠江について二年前（実際は永禄六年十二月）から「忩劇」であると述べ、反乱を鎮圧できずにいることがわかる〔戦今二〇五四〕。

十一月一日、葛山氏元《うじもと》は吉野日向守に対し昨年の三州八幡における奉公を賞し、都合一〇〇貫文を出し置く〔戦今二〇六二〕。葛山氏は今川氏に従属する武将としては最も東に位置するが、三河国内の合戦に従軍していることがわかる。

十二月三日、氏真に赦免された飯尾連龍《つらたつ》が再び松平家康に内応したことが発覚すると、二十日に連龍は氏真に処刑される［家忠日記増補追加・武徳編年集成・浜松御在城記］。連龍は駿府に呼び出されて処刑されたなど軍記物には諸説あって定まらないが、いずれにしろ、飯尾氏当主の連龍は死去しても、引馬の飯尾氏家臣団が崩壊したわけではなく、家老の江間氏は反今川氏の立場を堅持し家康と結びつく。二十六日、昨年中に逆心した匂坂同名中・牧野伝兵衛等を成敗しようと氏真は考えていたが、匂坂長能が懇望したので赦免することにした［戦今二〇七三］。長能が彼らの赦免要求に動いたのは、今月初頭の飯尾連龍の粛清が関連しているものと考えられる。三十日、酒井忠次と石川数正《かずまさ》が引馬の江間泰顕《やすあき》と時成《ときなり》に対して起請文を提出し、こちらに伝えてきたことに相違ないこと・加勢について異儀がないこと・知行について無沙汰しないことを誓う［戦今二〇七四］。江間氏は飯尾氏の家老という立場であり、すでに飯尾連龍が成敗されていることから、江間氏が宛所とされたのであろう。

永禄九年（一五六六）

正月六日、松平家康家臣の渡辺勢が飯尾氏の家老江間泰顕と時成に起請文を提出し［戦今二〇七五］、抜公事をしないこと・家康の心底をありのまま知らせること・江間泰顕と時成に対し無沙汰をしないことを誓う。昨年十二月三十日付の酒井忠次・石川数正連署起請文と内容が異なるのは、江間氏に対するそれぞれの立場が異なるからだろう。翌月十日、家康は江間時成に引

牧野定成、家康に従属

間本領一二二〇貫文を安堵すると同時に、江間泰顕と時成に五か条からなる起請文を提出する〔戦今二〇七七・七八〕。

四月二十一日、氏真は妙香城寺（浜松市）に対し吉良氏の判物と先判に基づいて七か条の内容を安堵する〔戦今二〇八四〕。飯尾連龍の逆心後、判物を詐取する者がいたようだが、そのような判物は無効であるとしている。二十七日、氏真は氏真の傅役を務めるなどした三浦正俊の年来の奉公と、永禄八年の飯尾連龍を成敗した際に身命を捨て忠節したことを褒め、真俊（正俊息）に引間領内にて一〇〇貫文の地を宛行う〔戦今二〇八七〕。しかし、引間領は江馬氏が家康より所領安堵を受けているように、相当の地が見つからず、結果的に代替地が与えられることとなった〔戦今二一五六〕。

五月、今川方の牛久保城主牧野成定が松平家康に従属する。成定の離反によって三河国の大部分は家康領と従属国衆領となり、成定の離脱は今川氏に追い打ちをかける状況となった。

閏八月六日、氏真は東漸寺日亮に対し東漸寺領分の田畠屋敷等を安堵する〔戦今二一〇二〕。先の永禄七年四月八日に飯尾連龍と松平家康が対面したのち、鷲津本興寺（湖西市）へ家康軍が乱入した際、飯尾氏の寄進状を老師が紛失してしまったので、改めて安堵状を申請したのである。

九月二十八日、遠州匂坂の匂坂吉政《よしまさ》は父長能の時と同様に当知行分七五〇貫文を安堵される〔戦今二一〇七〕。吉政は先判を数通所持していたが、二月十五日の火事によって焼失してしまった。ただし、この火事が戦乱に巻き込まれてのものかどうかは不明である。

十月一日、遠州浜松荘（浜松市）の都筑秀綱《つづきひでつな》は浜松荘内の本知を安堵される［戦今二一〇八］。飯尾氏を成敗して以降、今川勢は引間領をことごとく改めていたが、四月に三浦真俊に与える相当の土地がなかったように、この安堵がどの程度まで貫徹できたかは不明である。

十一月、松平家康は、牧野成定の死去後の跡職と成定の息康成《やすなり》が駿河に人質として留め置かれていることに異議はないとする一札を出す。水野信元《のぶもと》は牧野出羽父子が松平氏に帰参してきて訴訟を起こしたとしても、家康に上申するよう牧野定成等七人に命じている［戦今二一一五］。永禄年間の牧野出羽（保成かその息であろう）の動向は不明な点が多いが、所在は不明ながら生存していることは確かなようである。

家康、徳川に改姓、従五位下・三河守任官

十二月、松平家康が松平から徳川へ改姓し、従五位下・三河守に任官する。改姓および任官は近衛前久《このえさきひさ》の働きかけにより実現したものであった。

永禄十年（一五六七）

正月二十二日、氏真は奥山定友《さだとも》・友久《ともひさ》に隣郷の人足を用いて中尾生《なかびう》（天竜市）取出の普請を急いで行うように命じる［戦今二一二〇］。中尾生取出の西南は元飯尾氏領であり、この時点では全部ではないにせよ、江間氏の所領になったと考えられる。また、取出の南は二俣の松井氏領で

氏真、武田氏への塩留

ある。中尾生取出の普請を急がせたのは江間氏とその背後にいる家康、および松井氏を意識してのものであり、中尾生取出が境目の城となった。

七月三日、本興寺は氏真から三ヶ条の定書を得る〔戦今二一三五〕。本興寺は家康軍の乱入にあったようにさまざまな被害を受けていた。そのような状況を打開するために氏真に保護を求めたのだろう。

八月五日、駿州富士上方の井出《いで》善三郎の進退困窮により、善三郎息千熊は同名伊賀守娘伊勢《いせ》千代《ちよ》と婚姻関係を結び、知行を伊勢千代へ渡すこととなった〔戦今二一三九〕。善三郎の困窮原因は度重なる軍役によるものであるが、陣番を勤めるようにと念を押されている。同日、鈴木重時・近藤康用は、氏真から三州吉河（新城市）の替地として遠州引間領のうちの新橋郷・小沢渡郷・人見之郷を与えられた〔戦今二一三八〕。十七日、甲斐に入る予定の塩が留められる〔戦今二一四二〕。「敵に塩を送る」という言葉として周知のものであるが、氏真の対武田氏への塩留《しおどめ》がうかがえるものである。

九月三日、氏真は上杉輝虎家臣の山吉豊守《やまよしとよもり》に書状を送り、三度も返事がなかったのは、今川氏の書札礼が上杉氏にとっては不満であったことを承知したと伝える〔戦今二一四三〕。どのような不備なのかは不明だが、おそらく輝虎は越後守護代の長尾姓から守護家上杉へと改姓していたので、今川氏との書札礼が変化したことも関係しているのではなかろうか。

武田義信死去。氏真妹帰国

氏真、上杉氏と組んで武田氏攻撃を試みる

十月十日、大和国東大寺大仏殿が松永久秀《ひさひで》と三好長逸《ながやす》等の合戦により焼ける。翌年、東大寺大仏殿再興の奉加が今川氏にも依頼される。十九日、武田義信（今川義元婿）が幽閉先の東光寺（山梨県甲府市）にて死去［山梨6下二三九］。翌月十九日、今川氏真妹（武田義信室）が北条氏康・氏政父子の仲介により、甲斐国から駿河国へ帰国することが決まった［武徳編年集成］。武田義信の死去に続き、氏真妹の帰国により、今川氏と武田氏の関係はますます緊張状態が高まることになる。

十二月十三日、氏真は三浦真俊《さねとし》に昨年四月と同じ理由をもって飯尾連龍の知行内から一〇〇貫文を出し置くという判物を出したが、これもまた相当の替地がなかったため、役銭等が真俊に扶助された［戦今二一五六］。同日、三和元致《みわもとむね》にも遠州於保郷（磐田市）の七十一貫文が安堵される［戦今二一五七］。飯尾・松井の両氏が逆心した時（永禄六年）、三和元致の同名・親類は飯尾・松井氏と行動をともにしたが、元致だけは最前より屋敷を抱えて奉公していたことの恩賞であろう。

二十一日、氏真は上杉輝虎に書状を送り、父義元以来の筋目に任せて使僧を送ってきたことは祝着であり、今後話し合うことを伝える［戦今二一五八］。氏真は上杉氏と組んで武田氏を挟撃しようと試みていたようである。

二十八日、今川氏被官の匂坂直興《なおおき》は遠州井伊谷の祝田《ほうだ》禰宜（蜂前神社）に書状を送り、年末となっても氏真への披露はないため、駿府にて越年するとし、変わったこともないので安心する

家康と信玄の密約

寿桂尼死去

竜雲寺、寿桂尼墓所

ようにと伝える［戦今二一六〇］。年末に今川家当主への披露が行われないきまりになっていたことがわかるが、天文年間にも同様の事態が確認される。

永禄十一年（一五六八）

二月十六日、徳川家康と武田信玄が対今川氏についての協力を約し、大井川を境に駿河・遠江を分ける密約を締結する［甲陽軍鑑］。

三月二十九日、今川氏親・氏輝時代に特に活躍していた氏親正室の寿桂尼が死去。享年は不明だが、七〇～八〇歳とされている。墓所は駿府の今川館に近い竜雲寺（静岡市）。寿桂尼死去の報せを受けた諏訪《すわ》勝頼《かつより》（武田信玄四男）は、在陣中（場所は不明）の信玄の陣下へ寿桂尼死去の報を進上する［戦今二一七二］。

四月十五日、武田義信室（今川義元娘）の帰国について、北条氏康・氏政父子が仲介したところ、氏真の誓詞がなければ帰国させせないと武田信玄が言い放ったので、氏真は信玄の申し出に従うことになった［戦今二一七四］。このことは今川氏家臣の朝比奈泰朝《やすとも》・三浦氏満《うじみつ》が上杉氏家臣の直江景綱《なおえかげつな》・柿崎景家《かげいえ》宛に出した書状に記されるが、同日付の景綱・景家宛の今川氏使僧遊雲斎《ゆううんさい》永順《えいじゅん》の書状には、武田信玄の表裏（対今川氏攻撃）は程近いであろうとある［戦今二一七五］。

四月二十四日、氏真は、北条氏・武田氏・上杉氏三和の交渉の中人《ちゅうにん》になることを上杉輝虎に

井伊谷徳政令

蜂前神社

伝える［戦今二一七六］。氏真は三者の仲介をしたうえで武田氏との関係改善を目論んでいたものと考えられる。しかし、三者の和与自体が成立せず、氏真の思惑どおりにはいかなかった。五月七日、正親町《おおぎまち》天皇の綸旨が氏真に下される。東大寺大仏殿が昨年十月十日の合戦に巻き込まれて罹災し、大仏殿の再建を求めて氏真にも依頼が来たのである［戦今二一七七］。

八月四日、一昨年の永禄九年中に氏真が発布した井伊谷の徳政令（発布の月日は不明）がようやく実施される［戦今二一八三・八四］。

徳政は債務放棄を命じるものであり、債務者の救済になるが、氏真の徳政は今川氏の給人を主たる対象にしたもので、債務に苦しむ井伊谷の百姓はもちろん、井伊谷の債権者の同意を得られず、井伊家の次郎法師（直虎）も、不公平な徳政には消極的であったという。そこで駿府に滞在中の匂坂直興が徳政を実施させるため、井伊谷の債務者であった祝田の禰宜（蜂前神社）に井伊家の家老小野但馬守に井伊家当主次郎を説得してくれるようにと依頼し［戦今二一三四・二一六〇・二一六二］、本百姓中の債務も徳政対象とするなど、井伊家の徳政実施の条件をひきだすことに成功する。その結果を受けて八月三日に徳政令の発布が確実となり［戦今二一八二］、翌四日に永禄九年の判物通りに実施せよとの今川氏の被官関口氏経の書状が井伊直虎・井伊谷親類衆・被官衆に発せられたのである［戦今二一八三］。井伊家の一門には不満を持つ者もいたが、関口氏経と井伊直虎の連署状（十一月九日付）によって徳政令は施行されることになった［戦今二一九三]。

かくして井伊谷徳政は実現をみたのだが、今川氏が遠州国衆らに徳政を命じるのは、打ち続く軍役に応えるために給地を売り放す今川氏の給人らが増え、作手職を手放す在地の百姓や知行地を借金の方にとられる国衆の被官等が後を絶たず、今川家として対処する必要に迫られたからであるという。ここで大事なのは、井伊氏が連署をもって今川氏の徳政令を受諾していることで、今川氏への従属度がより深まっていたことであろう。

徳政は債務者の救済だけでなく、債権者の保護もつきまとう。九月十四日、井伊谷の債権者である瀬戸方久《ほうきゅう》は、井伊谷での買地については永禄九年の徳政があっても、井伊直虎の年寄の誓句と井伊主水佑《もんどのすけ》の一筆が明鏡《めいきょう》なので、徳政免除に相違はないとする氏真の書状を得ている[戦今二一八八]。

九月二十一日、朝比奈泰朝は津留奉行中に対し、遠州犬居(天竜市)への兵糧の運送について毎月五駄ずつ奥山久友が湯分としてよこしているので、森口・二俣口どこであろうと通過させろと命じている[戦今二一九〇]。

十一月三日、武田氏は甲斐・駿河間の交通路の不通により、本栖《もとす》(富士河口湖町)の地下人の諸役を免許する[戦武一三一七]。国境が封鎖されていることがわかるが、今川氏・武田氏のどちらが先に封鎖したのかは不明である。十一日、早川殿(今川氏真室)は寿桂尼の印判に任せて峯叟

信玄、駿河侵攻

朝比奈信置・葛山氏元離反

氏真、駿府から懸川城に敗走

院に対し寺領を安堵する〔戦今二一九四〕。確認できる早川殿の唯一の発給文書である。二十五日、三浦氏満《うじみつ》と朝比奈泰朝は、上杉氏家臣の柿崎景家と直江景綱に起請文を送り、上杉氏が信濃国へ出馬したことは肝要であり、以後は互いに抜け駆けをしないことが専用であると誓約する〔戦今二一九七〕。柿崎・直江から三浦・朝比奈宛てに起請文が出されたと考えられるが、現存していない。

十二月六日、武田信玄が駿河へ侵攻し、富士氏の大宮城（富士宮市）を攻撃する〔戦北一一二七〕。十二日、氏真は薩埵山《さったやま》（清水市）で武田軍を迎撃しようとしたが、すでに朝比奈信置《のぶおき》・葛山氏元・瀬名等の駿河国衆が武田氏に従属していたため、退却することとなった。

十三日、氏真は駿府から懸川城へ敗走する〔戦今二二一八〕。十五日、氏真は桃源院《とうげんいん》に先判通りの寺領を安堵するが〔戦今二二〇四〕、北条氏政も同内容の文書を発給している〔戦北一一二〇〕。氏真の桃源院宛の文書は駿河脱出後の最初の文書であり、この印文未詳朱印は初見のものである。同じ内容の文書を氏政が発給しているのは、氏真の支配を保証しているものだという。

武田氏の駿河侵攻に対して北条氏は今川氏へ一味することとなり、駿河・遠江へ援軍を派遣する。北条氏康は、氏真室（氏康娘）が駿府から懸川城まで徒歩での逃避行を余儀なくされたことに怒りを露わにしている〔戦今二二二八〕。

氏真が駿府を落ちた翌十四日、北条氏は蒲原在城衆に氏真が無事に逃げられたのかどうかを

北条氏政、懸川城に援軍派遣

遠州井伊谷の菅沼・近藤・鈴木氏ら家康に従属

確認している［戦今二二〇三］。氏真は、今度の駿府の錯乱によって懸川城へ移ったところ、北条氏家臣の西原善衛門尉が同心して身命を捨て馳走したことへの感状を十六日付で西原源太に与えている［戦今二二〇五］。

十二月十八日、武田氏家臣の秋山虎繁《とらしげ》は、信濃国経由で遠江の二俣・愛宕山・見付（磐田市）へ侵攻した［戦武一三五〇・静7三五六〇］。二十一日、氏真は堀江城（浜松市）で踏みとどまっている大沢基胤《もとたね》と中安種豊《たねとよ》の忠節を讃え［戦今二二一三］、城内の兵粮・鉄砲・玉薬・矢以下は三年から五年の間は不足しないだろうとの副状も出されている［戦今二二一四］。

同日、今川氏への援軍として北条氏政は大藤政信・清水康英《やすひで》・板部岡康雄《いたべおかやすかつ》等を懸川城に派遣した［戦北一一二三］。十九日、北条氏政は大宮城を守る富士信忠《のぶただ》に対し、城中に立て籠もった給人の領地について年来の氏真の判物のとおり相違ないとし、戦功を挙げたときには、知行等は伊豆国において宛行うとしている［戦今二二〇六］。同じく氏政は大宮城に立て籠もった無足人が忠節を挙げたので恩賞を相違なく遣わすと富士信忠に伝えている［戦今二二〇七］。大宮城を舞台に武田氏と北条氏の攻防があったことがわかる。

朝比奈信置・葛山氏元・瀬名等の駿河国衆が武田信玄に従属する一方、徳川家康に従属する者たちもいた。遠州井伊谷付近を領有する菅沼忠久《ただひさ》・近藤康用《やすもち》・鈴木重時《しげとき》は家康からの起請文を受け取り、武田信玄がとかく申してきても三人を見放したりはしないと進退を保障されている［戦今二二〇〇］。二十日には遠州匂坂の匂坂吉政が、翌日には遠州久野の久野宗能の一門同心衆が家康によって本領を安堵されている［戦今二二一一・二］。二十六日、鵜殿氏長・松井氏・三和氏・松下氏等が家康の起請文を受け取る［戦今二二一九］。

越相同盟の交渉開始

犬居城跡虎口

氏真が武田信玄によって駿河を追われ、遠州懸川城に籠城しているさなか、二十四日に北条氏と上杉氏間による越相同盟の交渉が開始される［上越六二八・九］。二十五日、氏真は上杉輝虎に、十三日に信玄が駿河府中に乱入し、懸川へ敗走することになったと告げ、今川氏に入魂いただければ本望であると伝える［戦今二二一八］。駿河奪還を望む氏真は、北条氏と上杉氏が同盟を結び、武田氏を挟撃してくれることを切に願っている。

十二月二十九日、遠州犬居城（天竜市）を堅固に抱えている天野藤秀《ふじひで》の忠節に、氏真は本意の上は扶助すると約束する［戦今二二二五］。朝比奈泰朝は天野藤秀宛の書状の中で、冒頭で氏真の御書［戦今二二二五］について触れ、昨日も加勢として千人余りが北条氏から送られてきて、懸川城は堅固なので安心するようにと伝える［戦今二二二六］。藤秀は懸川城の状況を気にかけており、状況が悪化している場合には自身の帰属問題につながると考えていたのであろう。駿河を脱出した後の氏真は、原河讃岐入道・西郷信房《のぶふさ》に駿河を奪還すれば、相当の地を与えると約束するが［戦今二二三二・三］、果たされることはなかった。

懸川城現況

永禄十二年（一五六九）

昨年十二月の武田信玄の駿河侵攻により氏真は駿府の今川館を捨て、朝比奈泰朝の籠る懸川城に入ることを余儀なくされた。氏真は守護今川時代から拠点としていた駿河の奪還を試みるが、五月には懸川城も開城となり、北条氏の庇護を受け、駿河大平城（沼津市）に拠点を移すこととなる。今川氏自体は存続するものの、戦国大名今川氏としては滅亡を迎えるのである。

正月四日、武田氏は今川方の大原資良《すけよし》の守る花沢城（焼津市）を攻撃するが［戦武一三五〇］、八日、徳川家康からの抗議を受けた信玄は、遠江侵攻中の秋山虎繁を撤兵させる［戦武一三五〇］。おそらく、永禄十一年の両者の協議に武田方が違反したものと考えられる。九日、信玄は織田信長への書状の中で、氏真が籠城している懸川へ詰めて決着を付けようとしたけれども、徳川家康が出陣してきたが、どういうことなのか。こちらに疑心を抱いているようなので、今は駿府に在陣中である。こちらの趣旨を述べるために市川十郎右衛門尉を派遣すると伝えている［戦今二二三五］。信玄は家康が遠江へ出陣したことに驚いている様子がうかがえる。信玄は、花沢城に今川方の大原資良が在城していること、家康との入魂を望んでいることを伝える［戦今二二三八］。信玄は家康との間に生じたわだかまりを解消する必要があったのだろう。

遠江に勢力を及ぼす徳川家康は、正月二日に今川方との境目をなす犬居（天竜市）の天野藤秀

天野藤秀、徳川方に転じる

家康軍、懸川天王寺口を攻撃

等に本領を安堵する〔戦今二二二九〕。前年末に今川氏から引き止められていた藤秀だったが、徳川方に転じることに決したのである。同月十日、氏真は天野藤秀に属して犬居を堅固に抱えてきた奥山定友・久友に感状を与え、奥山大膳亮跡職一円を出し置くので、大膳亮一類がどのような忠節をもって訴訟をしてこようとも一切許容しないとした〔戦今二二三六〕。藤秀の離反に奥山定友・久友は従わなかったのであろう。徳川優勢の中、境目にある遠州堀江城（浜松市）はいまだ大沢基胤と中安種豊が守りを固めていた〔戦今二二三二〕。

十七日、北条氏政は今川氏と武田氏との衝突は是非もないが、北条方の備えは相違なく取りなしたので安心してくれるよう下総の国分兵部大輔に伝えている〔戦今二二五二〕。氏政は武田氏との交戦に万全を期していたようだ。

二十日、徳川家康軍が懸川天王寺口へ攻め寄せる。氏真は一戦を遂げて功を成した家臣の安藤九右衛門に感状を与え、本意（駿河回復）を遂げた暁には扶助すると伝え〔戦今二二六三〕、この戦で一番に槍を入れ徳川方を突き崩した西郷信房にも感状が与えられている〔戦今二二六六〕。同日、氏真は今度の忩劇について、鈴木尉に犬居七人の者が同道して奔走したことを喜悦の至りとし、その恩賞として本意の上は、駿河・遠江において望みの地一〇〇貫文を宛行うと約する〔戦今二二五五〕。氏真は感状と空手形の宛行状しか発給できないのに比べ、同日、家康は小笠原清有に四三二貫文を新知行の不入地として宛行っている〔戦今二二五六〕。

武田・北条の薩埵山合戦

高天神城の小笠原氏、家康に属す

二十六日、武田氏と北条氏が薩埵山にて合戦［戦北一一五一・九一］。翌二十七日に氏真は上杉輝虎に書状を送り、北条氏と武田氏が対陣している間に氏真は出陣する所存であるが、上杉氏と北条氏との関係はどうなっているのか、氏真としては上杉氏には信濃へ出陣してほしいと願っている［戦今二二六四］。同日、氏真は北条氏家臣の太田十郎に、氏康・氏政父子の無二の入魂を祝着であると伝えるが［戦今二二六五］、氏真の思惑通りに事は運ばず、同日、武田氏の攻勢により花沢城が落城する［戦武一三五〇］。この月、高天神城（大東町）を本拠とする小笠原氏興《うじおき》・氏助《うじすけ》父子が徳川家康へ従属している［松平記］。

二月一日、武田方の穴山信君・葛山氏元が富士氏の大宮城を攻撃する［静8三五八］。薩埵山に陣取る北条と武田との交戦は、武田方有利に進み、十一日、武田氏は興津城（清水市）の改修工事を完成させた［戦武一三六三］。十八日、家康は上杉輝虎家臣の河田長親《ながちか》に、今川氏と武田氏が合戦になり、家康も遠江に出馬したところ、遠江の諸士は降参したが、氏真が立て籠もる懸川一城が敵対しているので、詰め寄せて在陣しているところだと伝えている［戦今二二七七］。この当時、上杉氏は家臣本庄繁長《しげなが》が逆心し、その対応に追われていた。

武田と北条、薩埵山・興津松山で合戦

二十五日、北条氏康は大宮の富士信忠に敵地の様子を知りたいと伝えた［戦今二二八五］。翌二十六日に北条氏邦《うじくに》は武田氏の興津城を攻撃［戦北一一六〇・六一・六四］、二十八日、北条氏と武田氏が薩埵山・興津松山において合戦におよぶ［戦北一一六二・六三］。北条氏と武田氏との合戦とは異なり、遠江での忠節によって、氏真は天野藤秀と鱸尉に恩賞を与えている〔戦今二二八一・二二八六〕ので、藤秀と鱸の両氏は今川方に属していたことがわかる。

二十七日、大原資良が本興寺へ禁制を発給する〔戦今二二八九〕。その二条目に野菜を取ってはならないとあって、野菜の採取の禁止は今川氏関連の禁制においては二通しか確認できない珍しいものである。

三月に入っても北条氏と武田氏の激突は続く。二日、北条方の井出正次《まさつぐ》・正直《まさなお》は上野筋（富士宮市）において敵二人を討ち捕る〔戦今二三〇八・二三二〇〕。十三日、武田氏が薩埵山に陣取る北条氏邦・大道寺資親《すけちか》に夜襲を仕掛けるが、北条氏の勝利となった〔戦北一一七九〜八一〕。

北条氏と武田氏が合戦している最中に、氏真は先判に基づく安堵や新地を宛行っている。十七日、土岐二郎助に今度の駿河・遠江の錯乱について遠州藁科《わらしな》郷（静岡市）において奔走したことは神妙であるとし、このうえの忠節があれば花蔵《はなぐら》の蕨間一貫文を扶助し、先判のとおり棟別等を免除した〔戦今二三一四〕。西郷信房には懸川城へ移り粉骨を尽くした恩賞として都合三〇〇貫文を〔戦今二三一七〕、朝比奈泰寄《やすより》には大平郷の福島伊賀守代官給一〇〇貫文を伊賀守の時と相違ないと約し、父泰雄が今回討死を遂げたので、跡職として馳走するように命じている〔戦今二三二四〕。泰寄の妻子は甲府にいるが、おそらく、昨年十二月の信玄の駿河侵攻時に武田方に捕縛されて甲府に連行されたのであろう。また二十七日に懸川城へ来て山中で奔走した鈴木源六には、恩賞として久野脇郷を新知行として出し置かれている〔戦今二三二六〕。四月、遠州堀江城がついに開城し、徳川方に明け渡すこととなる。四月四日、堀江城を守る大沢基胤・中安種豊は、懸川の朝比奈泰朝・親孝・芳線の三人に書状を送り、家康が麦を刈り取るとのことであるが、兵粮は二カ月間持つにしても、城下の知行分も欠所となっているので来年の作付は無理であると伝える〔戦今二三三一〕。

朝比奈泰朝・芳線・親孝が基胤・種豊に送った四月十一日付の書状の中で、両人の趣旨を氏真に披露していることが記されている。氏真は基胤・種豊両人の今までの忠節を比類なく思っているのだから、堀江城の扱いについてはしかるべきように落着させるのがもっともなので、懸川(氏真)からの指図はしないと伝えているのである〔戦今二三三六〕。両人の趣旨とは、前後の動向から考えると、堀江城を開城して徳川家康に従属してもよいかどうかというものだったと思われる。

十二日、徳川家康は堀江城の大沢基胤・中安定安・権太泰長に起請文を提出する〔戦今二三三八〕。三人は十一日の懸川からの書状を受け、家康方として行動することに決めたのだろう。同日、家康は大沢基胤に本知行等を安堵する〔戦今二三三九〕。基胤に本領安堵等の判物が与えられていることからすると、中安と権太にも与えられていた可能性はあろう。家康は堀江城の引き渡しと同時併行して各方面に調略を加えており、八日には天野藤秀に起請文を提出して藤秀

懸川城、開城

の本知行は前々のとおりとし、奥山定友・久友・家山の鈴木の本知行も前々のとおりとした〔戦今二三三五〕。天野藤秀は再度今川氏から離反し、家康に従属したのである。十三日、八日の起請文のとおり、奥山定友・久友・天野藤秀は家康から本領を安堵される〔戦今二三四二・三〕。

翌月の懸川城開城の準備と考えられるが、氏真は懸川籠城の忠節を賞した安堵状・宛行状を発給する〔戦今二三三〇・四六・四七〕。二十日、氏真は北条氏家臣西原源太に去る五日に本宮山において粉骨を尽くし、比類なく奔走したことを賞し〔戦今二三五四〕、二十八日には大藤式部丞に書状を送り、信玄の退散は本望であり、大藤が長々と在陣したことはありがたいと伝えている〔戦今二三五七〕。

堀江城の開城に前後するが、六日、武田信玄は佐竹義重《よししげ》に、懸川城へ徳川家康が詰めて近日落城すること、信玄は小田原に向かうこと、北条氏と上杉氏が和睦しないように佐竹氏が動いてくれることを依頼している〔戦今二三三四〕。七日、信玄は家康に懸川城の攻略を求め、佐竹義《よし》昭《あき》（義重父）・里見義弘《よしひろ》・宇都宮広綱《ひろつな》等に北条氏の小田原城を攻撃するよう要請した〔戦武一三八七・九〕。信玄は以前には家康の懸川城への出陣に不信感を抱いていたが、北条氏と上杉氏の和睦交渉が進展しているのを受けて、態度を改めたと考えられる。しかし、信玄の妨害工作は功を奏せず、翌月には北条氏と上杉氏との越相同盟が成立することとなる。

五月六日、氏真と家康の間で和睦が成立し、氏真は懸川城を開城して北条氏のもとへ赴くこ

北条・徳川の和睦、越相同盟成立

氏真、北条氏の庇護を受ける

とが決まる〔戦武一四一〇・戦北一二一九・四〇〕。氏真は、北条氏の庇護のもとで、駿河奪還を試みることとなった。九日、北条氏と徳川氏との間でも和議が成立し〔戦北一二一九〕、北条氏と上杉氏との間で越相同盟が成立する〔戦北一二五三〜五八〕。越相同盟の成立に前後して氏真とその家臣が上杉氏との交渉に関与する。北条氏・上杉氏・徳川氏は共に武田氏と敵対しているが、三者が連携しているわけではなかった。

十五日、氏真と家臣等は懸川城を出立〔戦北一二四〇〕。十七日に北条氏政は氏真と早川殿を蒲原で引き取り、三浦氏員《うじかず》室（伊勢宗瑞娘）も蒲原に着城した〔戦今二三六七〕。二十一日、氏真は上杉氏への使者を務めた快円《かいえん》に、辻坊葛山采女正跡職一円を与えている〔戦今二三七〇〕。二十三日、氏真は北条氏政の嫡子国王丸（氏直）を養子とし、闕所知行については氏政と相談することになった〔戦今二三七五〕。氏真は氏政息氏直を養子とすることで北条氏の庇護を受けることができたのである。

一方、北条氏は駿河国に対する名分を得て、引き続き武田信玄と対立する。同日、信玄は織田信長家臣の津田《つだ》国千世《くにちよ》と武井夕庵《せきあん》に、氏真の没落と北条氏政が氏真の救援のために出陣したこと、懸川城の氏真たちが無事に駿河を通過したことは思いもよらないことだと伝える〔戦今二三七二〕。氏真と氏康父子に対して和睦しないという家康の誓詞があったことから、信玄は家康の行動に疑問を抱き、家康と同盟関係にある信長に対して見解を確認した。同日、北条氏政は

氏真、大平城に在城

懸川城に籠城した家臣を賞賛し、太刀一腰と知行を遣わす〔戦今二三七二～七四〕。

二十四日、北条氏政は家康家臣の酒井忠次からの誓詞が速やかに到来したことを本望であるとし、また氏真と北条氏が入魂であることは喜ばしいことなので、今後は家康へ申し合わせると伝える〔戦今二三七六〕。

閏五月三日、氏真と早川殿が沼津に到着する。氏真の供は徳川方の岡部大和守がつとめる〔戦今二三八二〕。武田信玄に味方した駿河衆の知行は闕所となり、氏政は垪和《はが》氏続《うじつぐ》と太田十郎に与えている〔戦今二三八五・六〕。四日、氏真は徳川家康との一和により前月十五日に懸川城を出て、しばらく沼津に滞在していたが〔戦今二三八八〕、六日、氏政は氏真の大平城入城の準備を整えるため、三島に出馬している〔戦今二三九〇〕。

十五日、氏真は大平城（沼津市）に在城する〔戦北一二五〇〕。かつては軍記物による戸倉城在城が通説であったが、大平城への在城が明らかになった。二十日、今川氏家臣であった尾上正長等に犬居の本知行を家康が安堵する〔戦今二三九七～九九〕。尾上氏等の寄親である天野藤秀とともに、今川氏から離反し、家康に従属したことがわかる。

二十一日、氏真は上杉輝虎宛の書状で、家康が味方になるということで懸川城を明け渡したこと、十五日に沼津に到着したこと、諸事を氏政と相談して武田氏と戦に及ぶ覚悟であることを伝える〔戦今二四〇〇〕。

蒲原城跡主郭の眺望

大平城に在城する氏真は、六月中に家臣らに所領安堵と感状を発給しているが、井出伊賀守の大宮城の奉公に対する当知行安堵［戦今二四〇二］と、薩埵山で昼夜の番・普請に奔走した嶋田甚大夫への感状が残る［戦今二四〇三］。

六月二十一日夜、北条氏家臣の大藤式部少輔が伏兵を出して（蒲原あたりか）、塩を運送していた武田方の者を数多く討ち捕ると、氏真は武田方の往来が留まるであろうと期待している［戦今二四〇四］。二十六日、大宮城衆中に武田氏が攻めて来ても堅固であることが肝要であると氏真は伝えているが［戦今二四〇五］、この文書に氏真の署名はなく、花押のみであり、書き止め文言は「以上」となっている。氏真の書状はほとんどが「恐々謹言」で終わるので、珍しい文書である。

七月一日、大宮城の富士信忠が穴山信君を通じて武田氏に降伏する［戦今二四〇七］。武田信玄は信忠を赦免すべきか否かを迷っていたが、大宮城周辺を三日間から五日間で平定できるというので赦免と判断したようである。三日、武田氏は大宮城を受け取り、付近を平定する［戦今二四〇九］。大宮城陥落以降、氏真は井出伊賀守・鈴木主水助の大宮城における忠節を賞する［戦今二四一一・四］ものの、大宮城の陥落と富士氏が武田氏へ従属したことは、北条氏と氏真にとっては戦線が後退する手痛い事態であった。

七月二十九日、家康方に属していた天野藤秀の同心花嶋氏が藤秀の下を離れ、氏真に内通し

信玄、駿河出陣。北条氏駿河より撤退

今川館の岡部氏、信玄に降伏

たが、藤秀に成敗されてしまった。藤秀はこの功績を家康に認められて、花嶋の跡職を与えられている［戦今二四一五］。家康と氏真は和睦していたのだが、勝手な主人替えは厳に戒められていたのだろう。

十一月九日、武田信玄は諏訪社に願文を捧げ、駿河・伊豆の領有を祈願する［戦武一四七一］と、十二月一日、駿河に出陣する［戦武一四七七］。六日、北条氏信《うじのぶ》が籠る蒲原城が信玄の攻撃を受け陥落し、氏信は戦死［戦武一四八〇～二・四］、十二日には薩埵山の北条軍は蒲原城落城により駿河より撤退する［戦武一四八四］。

十二月十三日、今川館に籠る岡部正綱《まさつな》が信玄に降伏［戦武一四八三・九〇］。北条氏と武田氏との一連の合戦は、武田氏の勝利に終わり、北条氏の対武田戦線は縮小する結果となる。駿河奪還を目論む氏真にとっても、北条氏にとっても、非常に手痛い敗戦であった。

コラム

流浪する氏真の足跡

遠藤 英弥

永禄十一年(一五六八)十二月、甲斐の武田信玄が駿河に侵攻した。それと呼応するように、徳川家康が遠江を攻撃する。朝比奈信置等重臣が離反(武田氏への従属)していたこともあり、氏真は敗走を余儀無くされ、朝比奈泰朝の遠江懸川城へ逃亡する。以後、約半年間、懸川城において抗戦を続けるが、翌年五月十五日に家康との交渉の結果、氏真は懸川城を開城して北条氏の庇護を受けることとなった。同月二十三日、氏真は北条氏政の嫡子国王丸(氏直)を養子とし、国王丸の後見として氏政が駿河支配に取り組むこととなる。

翌閏五月十五日、氏真は駿東郡大平城に在城し、駿河奪還を試みる。かつては軍記物の記述に従い、戸倉城に在城していたというのが通説であった。しかし、一次史料を用いた検討により、大平城に在城していたという説が提示されて今に至る[黒田基樹「北条氏の駿河防衛と諸城」同著『戦国期東国の大名と国衆』岩田書院、二〇〇一年]。

大平城在城時には、北条氏と上杉氏との間で締結された越相同盟に氏真も関与している。同盟は成立したものの、北条氏は上杉氏に上野への出陣を依頼し、氏真は上杉氏に信濃への出陣を望んでいた。この点については、氏真の思惑どおりにはいかなかったようである。

氏真は大平城在城時に家臣・寺社に対して宛行状を発給している。家臣宛の知行宛行状については、宛行対象地が大平城周辺に限らず遠江国まで確認され、空手形であるとか効力の無いものという見解が出されていた[長倉智恵雄「懸川没落後の今川氏真文書の再検討」『戦国大名今川氏の研究』東京堂出版、一九九五年。有光友學『戦国大名今川氏の研究』吉川弘文館、一九九四年〕。こうした見解は氏真が実際には駿河に復帰できなかった事実によって導き出されたものであった。一方、実行力の伴ったものという指摘がある〔酒入陽子「懸川開城後の今川氏真について」『戦国史研究』三九号、二〇〇〇年〕。こちらは知行を要求する受給者側の立場も考慮に入れたものであり、前者の見解より妥当と言える。

寺社宛のものは大平城周辺を除くとわずか四通ではあるが、氏真に安堵を求めていることは注目されてよいであろう。

氏真がいくつかの印判を用いて文書を発給していることは周知の事実であるが、最後に使用した印文未詳朱印については注意を要する。かつては永禄十二年八月十七日付の桃源院（沼津市）宛のものが初見とされていた。この文書以前としては、永禄十一年十二月五日付の桃源院宛の文書が写として存在していたが、北条氏政のものを誤って氏真のものとしたとする見解があった〔久保田昌希「懸川城開城後の今川氏真と後北条氏」『戦国大名今川氏と領国支配』吉川弘文館、二〇〇五年〕。しかし、永禄十一年十二月五日付の桃源院文書の原本が確認され、氏真の印文未詳朱印が捺印されていることから、これが初見となる。また、原本の出現によって、同日に氏真と氏政の文書が桃源院に発給されていることが判明した（年表本文参照）。

氏真は大平城に在城し駿河復帰を目指していたが、思いもよらない事態が発生する。元亀二年十二月に、北条氏が武田氏との同盟を成立させる。

北条氏と武田氏との間で氏真の処遇についての議論が存在したかどうかは不明である。仮にあったとしても、氏真の思い描いていたものとは程遠いものであったのだろう。北条氏が武田氏と同盟を結んでいる現状では駿河復帰は見込めず、家康の下へ行く結果となった〔黒田基樹『北条早雲とその一族』新人物往来社、二〇〇七年〕。ただし、同盟成立後、即座に去ったというわけではない。氏真は翌年五月に亡父義元の十三回忌を営み、天正元年三月以前に北条氏の下を離れ徳川家康の庇護を受けることとなる。

家康の庇護を受けることとなった氏真は、天正三年五月の織田・徳川対武田の三河長篠合戦に従軍する。しかしながら、目立った活躍はなく、後方の備えをしていた。翌年、遠江牧野城に在城し、天正五年三月以前に浜松へ戻ることとなる。以後、氏真自身の牧野城在城は確認されない。しかしながら、氏真家臣が牧野城に在番中の松平家忠(三河国深溝城城主)の饗応を受けるために訪れていることが、松平家忠の記した『家忠日記』に散見される。

氏真が駿河復帰を目指していたことは前にも触れたが、氏真を駿河の今川館から追い出した武田信玄は元亀四年四月に死去し、武田信玄の後継勝頼は、天正十年三月に滅亡した。同時期に、氏真旧臣で現在は徳川家康に仕えている者たちが氏真への再仕官を求めている。この動きは、武田氏滅亡に伴い駿河の一部でも氏真に与えられることを念頭に置いてのものと思われる。結果的に氏真が駿河国内で所領を与えられることはなく、旧臣の氏真への再仕官は認められなかったが、天正十年にもなって旧臣が氏真への再仕官を求めている点は興味深い。

天正十年代になると、氏真の足跡がほとんど追えなくなる。天正十一年七月、太政大臣近衛前久が浜松の家康を訪れ、家康は近衛の饗応に氏真を同席させている[「景憲家伝」「明良洪範」]。この時の氏真の役割が近衛の接待や挨拶であり、これが後の今川家高家誕生のきっかけではないかとする指摘がある[井上宗雄「今川氏とその学芸」『今川氏と観泉寺』吉川弘文館、一九七四年]。

氏真を一時期領国内に迎え入れていた北条氏が天正十八年に滅亡し、徳川家康が関東に入国することとなった。しかし、氏真は家康の関東入国に従うことなく京に上る。翌年、公家の冷泉為満や山科言経等と交流を重ねているが、これは祖父氏親の代から冷泉家・山科家との関係を有していたことによるものだろう。冷泉家・山科家との会席には氏真だけではなく長男範以も同席している。慶長年間にも冷泉家・山科家との交流が続くが、慶長十二年、長男範以が、父氏真に先立ち死去する。範以死去後も氏真の京都での活動は慶長十七年正月まで確認できる。

慶長十七年四月、理由は不明であるが駿府の家康を訪れ、のち江戸へ移る。翌年二月、氏真室（北条氏康娘）が、十一月には三男安信が死去している。翌十九年十二月二十八日、氏真は七十七歳で没した。はじめは牛込の万昌院（新宿区）に葬られ、のちに観泉寺（杉並区）に埋葬され、現在も同寺に氏真の墓が存在する。

ここまで、永禄十二年五月の懸川城開城前後から死去する慶長十九年までの氏真の動向を見てきた。このなかで付け加えておきたいのは家康との関係である。氏真が父義元から家督を相続した時点では氏真が家康の上位にあった。しかし、天正元年三月以前に家康の庇護を受けることとなり、両者の立場が逆転してしまった。

このような逆転現象はなかなか見られるものではなく、西国では出雲の尼子氏と安芸の毛利氏の関係が同様の結果となっている。

尼子経久が当主の時代には毛利元就は尼子氏の国衆として従属していた時期があった。しかし、経久の死去から約三十年後に、経久の曽孫義久は月山富田城（島根県広瀬町）を開城して毛利氏に降伏することとなった。降伏後、義久は弟と共に毛利氏の本城吉田郡山城（広島県吉田町）に移され、毛利氏の一家臣となった。

尼子義久も氏真と同様の境遇となったが、氏真は自身の境遇をどのように考えていたのだろうか。最も知られているものとしては辞世の句として紹介されることがある次の二句であろう。一つ目は、「中々に世をも人をも恨むまじ時に合わぬを身の科にして」という句である。二句目は、「悔しともうらやましとも思はねど我世にかはる世の姿かな」である。後者の歌は天正三年に詠んだ百首のうちの一首であるが、この句が辞世の句として紹介されている理由は明らかでない。

前者の句は『今川氏と観音寺』に『北条五代記』収載の歌とされているものである。しかし、『北条五代記』にこの句は見当たらず、典拠不明である。歌自体は懸川城開城以降の境遇にふさわしいが、氏真の詠んだ歌かどうか真偽は定かではない。しかし、氏真の偽らざる気持ちを表したものとして的を射たものではないだろうか。

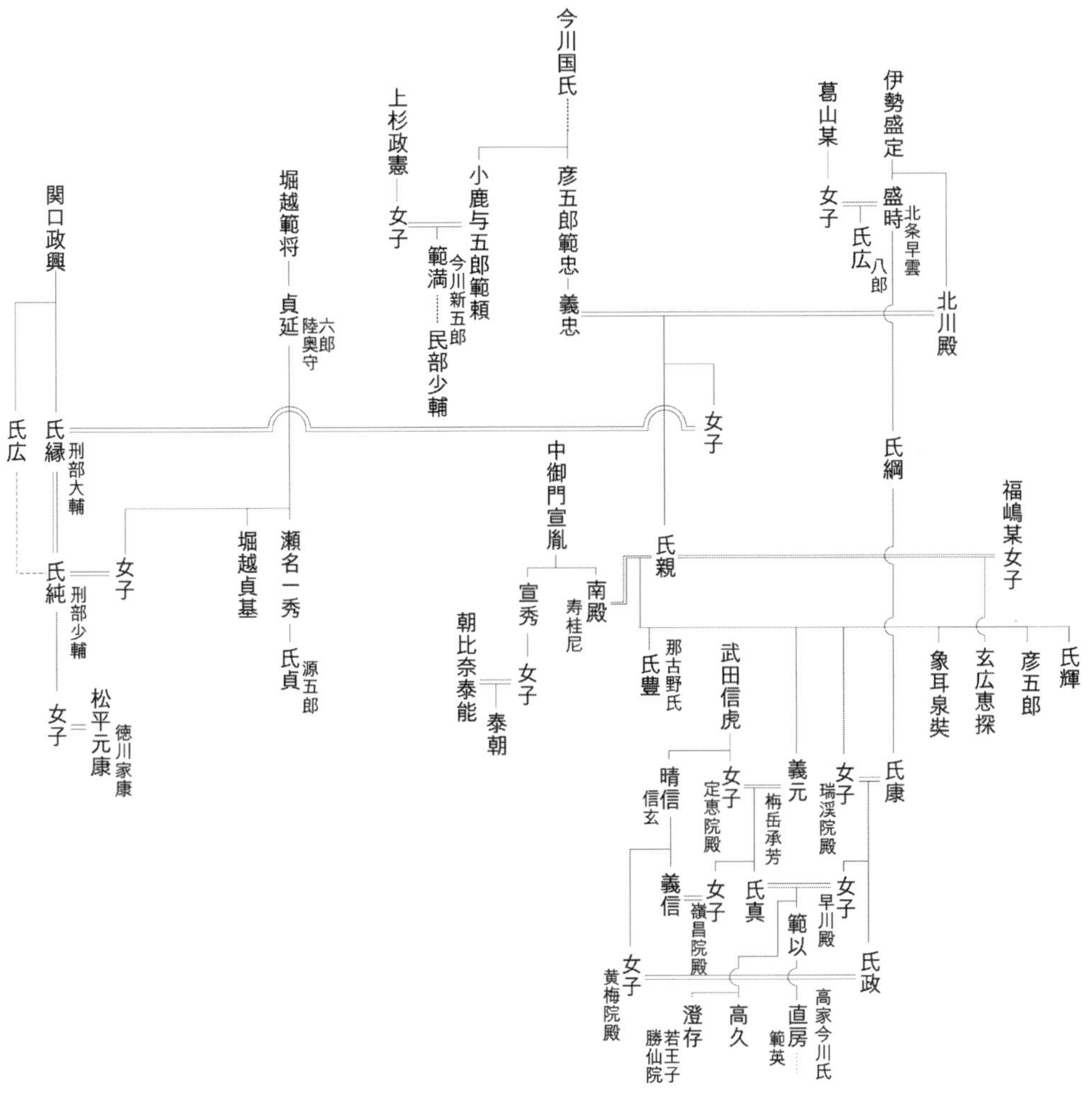

今川氏略系図

略系図出典

『県史』通史 326・365・373・637・640・812㌻

有光友學『今川義元』302㌻

黒田基樹『北条早雲とその一族』（新人物往来社　2007）39・40㌻

神田裕理「織田期における公家の交際関係」（『史艸』37）

大塚勲「今川義忠の討死と竜王丸の自立」（『今川氏と遠江・駿河の中世』岩田書院　2008）46㌻

小林輝久彦「今川義元三河侵攻の「名分」」（静岡県地域史研究会 2014 年 6 月例会レジュメ）

「為広駿州下向記」（『為広下向記』）

籠坂峠
駿東郡
御殿場
足柄峠
南足柄
金時山
明神ヶ岳
小田原城
小田原
箱根山
神山
葛山城
卍普明寺
裾野
箱根峠
長久保城
興国寺城
三嶋大社
井出
卍沼津道場
西光寺卍
大平城
韮山城
口野
堀越公方御所跡
田方郡
函南
熱海
真鶴
湯河原
初島
西浦
伊東

戸田
土肥
伊豆
伊豆半島
賀茂郡
宮内
下賀茂
石廊崎

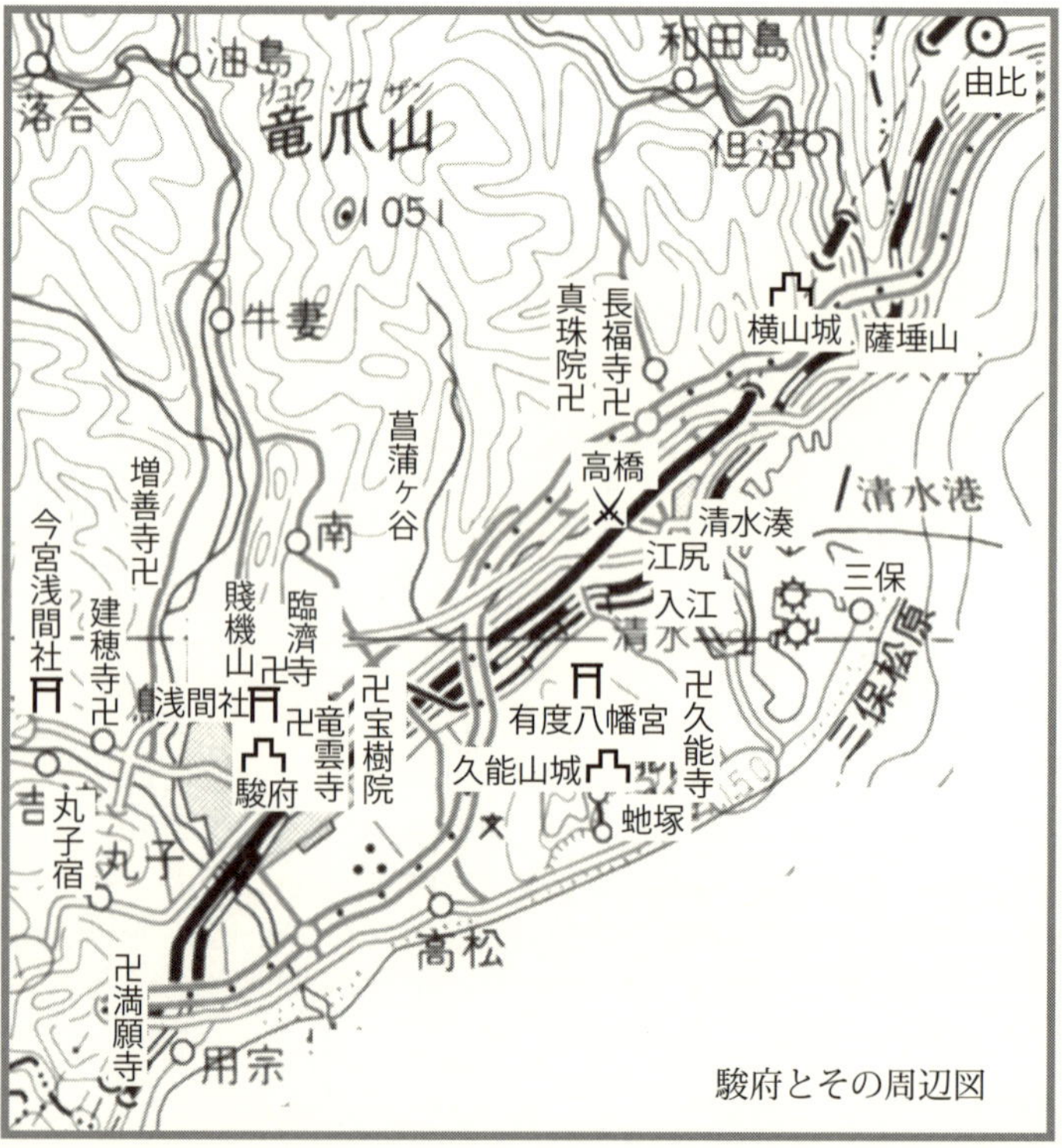
油島
落合
竜爪山
1051
和田島
由比
但沼
牛妻
横山城
薩埵山
真珠院卍
長福寺卍
菖蒲ヶ谷
高橋
清水港
清水湊
江尻
入江
三保
三保松原
増善寺卍
南
今宮浅間社
建穂寺卍
賤機山
臨済寺
浅間社
卍竜雲寺
卍宝樹院
有度八幡宮
卍久能寺
久能山城
駿府
蛇塚
丸子宿
丸子
高松
卍満願寺
用宗

駿府とその周辺図

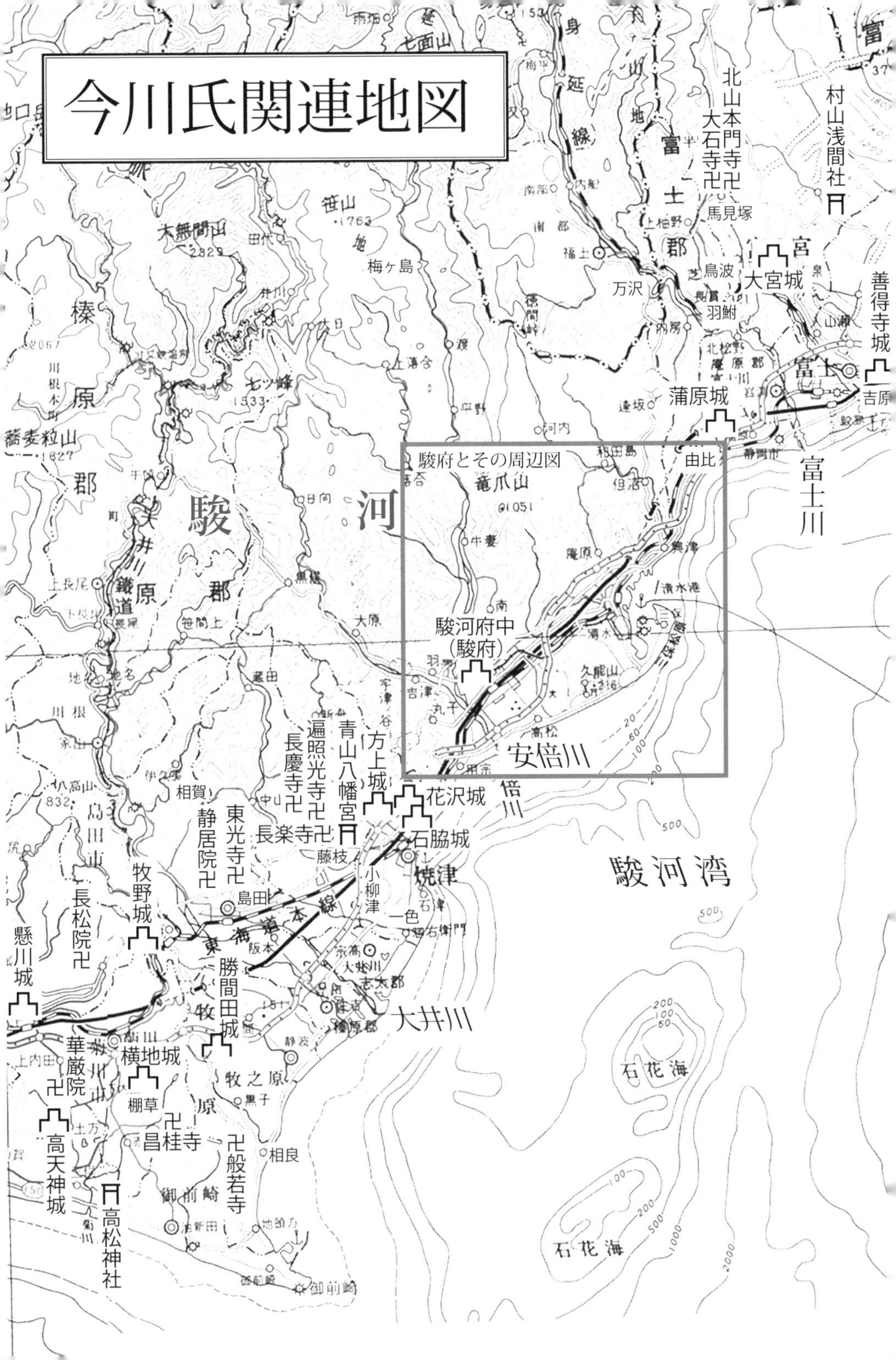
今川氏関連地図
北山本門寺卍
大石寺卍
村山浅間社
馬見塚
大宮城
鳥波
羽鮒
万沢
善得寺城
吉原
蒲原城
由比
富士川
駿府とその周辺図
駿河府中
（駿府）
安倍川
花沢城
方上城
青山八幡宮
遍照光寺卍
長慶寺卍
長楽寺卍
藤枝
石脇城
焼津
小柳津
一色
駿河湾
東光寺卍
静居院卍
牧野城
長松院卍
懸川城
勝間田城
大井川
横地城
華厳院卍
棚草
卍昌桂寺
卍般若寺
高天神城
高松神社
石花海
駿河
郡
富士郡
榛原郡
大無間山
笹山
七面山
竜爪山
梅ケ島
蕎麦粒山
島田
御前崎
牧之原
相良

今川氏関連地図

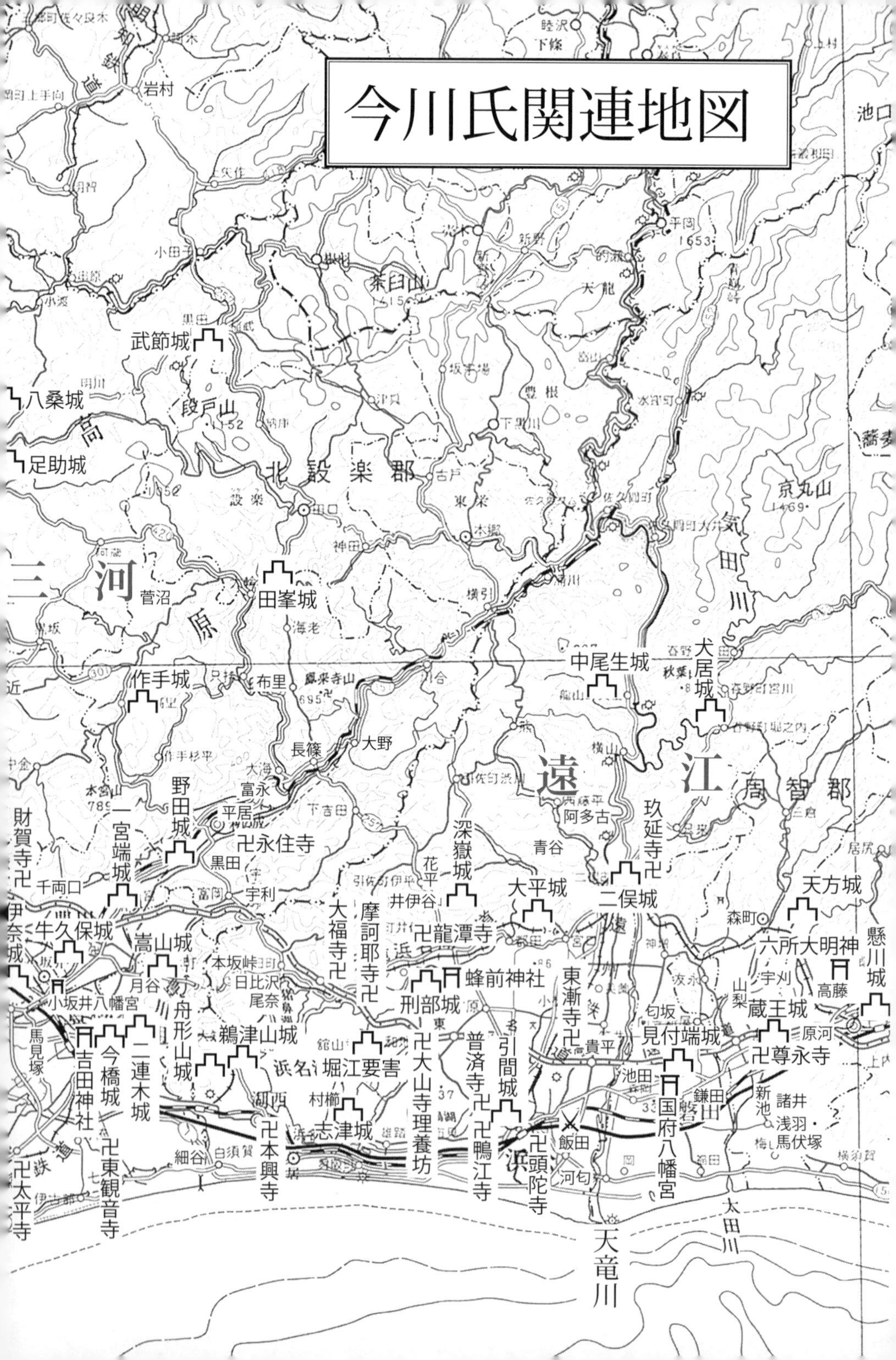
今川氏関連地図
武節城
八桑城
足助城
段戸山
茶臼山
北設楽郡
三河
田峯城
作手城
長篠
大野
野田城
平居
永住寺
一宮端城
財賀寺
千両口
牛久保城
伊奈城
嵩山城
本坂峠
日比沢
尾奈
舟形山城
鵜津山城
小坂井八幡宮
吉田神社
今橋城
二連木城
馬見塚
太平寺
東観音寺
本興寺
細谷
白須賀
大福寺
摩訶耶寺
浜名
堀江要害
村櫛
志津城
大山寺理養坊
深嶽城
花平
井伊谷
龍潭寺
蜂前神社
刑部城
普済寺
鴨江寺
引間城
浜松
頭陀寺
飯田
河匂
東漸寺
大平城
中尾生城
遠江
阿多古
青谷
二俣城
玖延寺
犬居城
気田川
京丸山
周智郡
天方城
森町
六所大明神
懸川城
高藤
蔵王城
尊永寺
見付端城
池田
貴平
国府八幡宮
磐田
鎌田
新池
諸井
浅羽
馬伏塚
天竜川
太田川

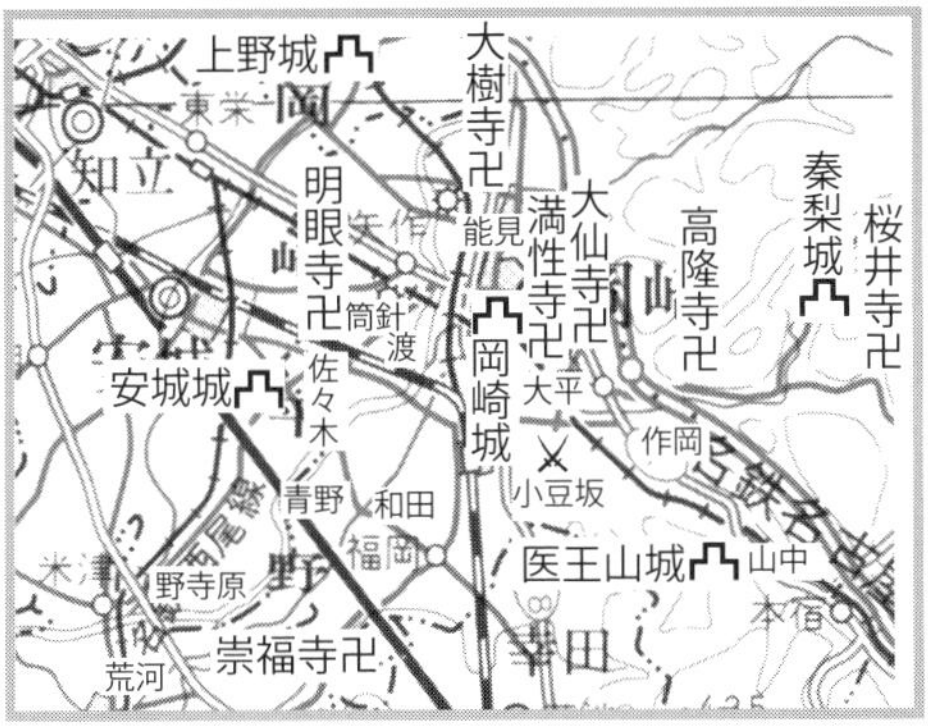
上野城
大樹寺卍
知立
明眼寺卍
満性寺卍
大仙寺卍
高隆寺卍
秦梨城
桜井寺卍
能見
筒針
渡
安城城
佐々木
岡崎城
大平
作岡
小豆坂
青野
和田
福岡
米津
野寺原
医王山城
山中
本宿
荒河
崇福寺卍
幸田

岡崎城周辺図

多治見
春日井
瀬戸
卍雲高寺
尾張
清須城
名古屋
広瀬城
日進
福谷城
梅坪
鳴海城
寺部城
大給城
衣城
九久平
大高城
桶狭間
名古屋港
岡崎城周辺図
卍大樹寺
岡崎城
知立
刈屋城
安城城
桜井寺卍
知多
東浦
半田
卍長福寺
大浜
西尾城
上之郷城
竹谷城
西郡城
大塚城
形原城
幡豆郡
吉良
中嶋
御油宿
矢作川
知多郡
知多半島
三河湾
佐久島
田原城
長興寺卍
卍龍門寺
卍伝法寺
渥美半島

執筆者一覧

大石 泰史　奥付上掲載
糟谷 幸裕（かすや　ゆきひろ）　1975年生れ
　一般財団法人歴史科学協議会事務書記
遠藤 英弥（えんどう えいや）　1976年生れ
　戦国史研究会会員
小林 輝久彦（こばやし　あきひこ）　1963年生れ
　西尾市史古代・中世部会調査員
山下 智也（やました ともや）　1988年生れ
　愛知大学大学院文学研究科博士後期課程
谷口 雄太（たにぐち ゆうた）　1984年生れ
　日本学術振興会特別研究員ＰＤ（国際日本文化研究センター）

【編者略歴】
大石 泰史（おおいし やすし）
1965年生れ、戦国史研究会会員・大石プランニング主宰

〔主な著書〕
『井伊氏サバイバル五〇〇年』（星海社）
『今川氏研究の最前線』（編著・洋泉社）
『戦国遺文 今川氏編』（編著・東京堂出版）
『全国国衆ガイド』（編著・星海社）

今川氏年表 氏親・氏輝・義元・氏真

2017年7月25日第1刷発行

編　者　大石 泰史
発行者　濱　久年
発行所　高志書院

〒101-0051 東京都千代田区神田神保町 2-28-201
TEL03 (5275) 5591　FAX03 (5275) 5592
振替口座　00140-5-170436
http://www.koshi-s.jp

印刷・製本／亜細亜印刷株式会社
ISBN978-4-86215-171-1

室町・戦国期関連図書

中世史関連図書